達摩一掌經

一部佛教不外傳的輪迴論命大法！

當達摩在梁武帝時代來到中土時，中國的佛學已是盛世，達摩在少林寺面壁的九年間，出家為僧的人更絡繹不絕！但事實上，並不是每個人都適合出家修行的。

於是達摩傳授了這個一掌經的方法，來得知此人是否有佛道因緣。

達摩一掌經是以十二生肖來定宮位，以佛法六道（佛道、仙道、人道、阿修羅道、地獄道以及畜牲道）原則分類。

達摩祖師，面壁創一掌經
掌中秘訣，手掐前世今生
你的手就是一本無字天書

芝蘭◎著

自　序

　　對整個現代東方五術來說，群流匯聚在這個文明，能重現這一個千載不移的「達摩一掌經」，真是一大安慰！

　　柏拉圖告訴我們：「他們就紮營在失念河，當每一個人喝水的時候，就會忘掉一切。」西方有個「失念河」，東方管它叫做「孟婆湯」。

　　當我們告別了這一世，而身處中陰身時，會有一部時光機開始倒帶，於是生命中曾經發生的每一件事逐一播放。我們對於過往的一切，會深深的感到懊悔與檢討，看到了我們生命中的一切行為，是如何的影響到別人的生命；於是，我們會開始自我設定要改進……

　　他們真的是為赴我們靈魂的約定而來的，只是在我們飲了「失念河」的水，喝了孟婆給的孟婆湯，真的徹底的將這些忘了。然而，雖然肉身認不出他們，但是，靈魂知道他們已經依約而來了……。

　　「當時我不應該用這樣的態度對待爸爸、媽媽。我真的很

不應該，傷透您們的心……」

「當時我怎麼會跟同學為了這點小事吵架鬧翻，一個死黨，就這樣地分道揚鑣了……，我真的很想跟他說聲對不起……」

「事情好像也沒有這麼嚴重嘛！……現在的我絕不會再用這種玉石俱焚的方式，讓兩個人的心裡都嚴重受傷，從此決裂、形同陌路……真的好後悔哦！」

「當時我應該挺身出來說實話，但是我沒有這個勇氣這麼做……以致害了對方！」

對於這些事，我們有深深的愧疚與懊悔，於是我們會有很深很深的期望與自許，並且充滿著信心的認為，如果有機會的話，將來再一次面對事情時，我一定不會再用同樣的態度應對或處理，於是我們會自我設定要改進。並且大力地設定並約定下輩子再投胎時，請對方要在哪一年、哪一月、哪一天出現在我們的生命中，再向我們出一次同樣的考題，我們充滿自信的覺得一定沒問題的，一定all-pass的。只是沒有想到在喝下孟婆湯之後，就忘了這些靈魂的約定。不要說是喝孟婆湯，我們常常連三年、三個月前對自己所說的話、所定下的目標、所承諾的事情，三天就忘了！

　　新時代思想中總是會提到一個很重要的觀點 —— 所有的事都有其蘊藏的目的與善意，便是與彼此的「靈魂約定」相呼應的。但是有時候，我們無法理解為什麼不想要的人或經驗會進入我們的生命，我們對生活中的每一樣事務會看待成這個樣子，那是因為我們生生世世都以同樣的方式重複強化內在的經驗。

　　「一掌經」的學說，就是讓我們學習如何認知那個我們一直在輪迴中帶著生生世世的黑盒子，我們要在當下直接療癒已經固化並且操縱我們此生命運的性格，我們的所有行為把我們束縛在人世間永無止境的生死輪迴裡。

　　當我們在記憶中淨化了過去，我們同時淨化了我們的現在與未來，而我們現在與未來昇華的心念與行為，也同樣可以洗滌我們的過去。

　　所以從此刻開始，對自己所選擇的生活方式，要當一個責任者，要負起所有的責任。因為，從你接觸這本書開始，正是轉變的契機，現在的生活方式，正在決定我們的整個未來。

導　讀

　　學生槙剛來教室與我初見時，就迫不及待地向我訴說她的一段：「老師，您知道嗎？我是道道地地的萬華人，家中世代都在那兒！可是在我很小的時候就突然的能說出我從沒學過的廣東話；而且我在國中時代起，就不知不覺地會買花放在我的房裡，也會去買佛教的『四寶』放在房裡，反正我就會把臥房佈置成像仙境一樣！我以前到士林夜市時是要戴口罩的，我真的很受不了。還有，如果我男友上我房間內的廁所，我都會覺得好噁心哦！好髒哦！我真的不知道為什麼，我剛跟我男朋友認識交往時，我會跟他說——我是水仙仙子下凡的，我是仙女哦！」

　　女友訴說這一段時，男友在旁邊猛點頭附和著！「達摩一掌經」告話我，沒錯，她有一個過去世是來自仙女道的「文」。

　　當我根據學說來解讀並分享給他們時，我不知道他們內心發生了什麼物理變化！但是我只知道，每當我根據「達摩一掌經」解惑於他們時，當時的空間氛圍是凝息的，每個人安靜地

聽著，然後每個學生、每個人都回到內心去檢視目前他們生活中的一切問題。接著有因理解了些什麼而解套的驚嘆，開始臉部的線條鬆了，喜悅了，人也柔軟了，留給內心的是平靜，迴盪許久許久……。

當然，我知道他們每個人開始進入了內在能量的重新激盪與整合，內在意識變了，對待相處的品質也就變了！這樣的改變沒有革命，沒有任何人是受到壓抑、被說服，更沒有人是委曲求全的。這個改變能量的到來，渾然天成！

目　錄

目　錄

目 錄

重現「達摩一掌經」的風華

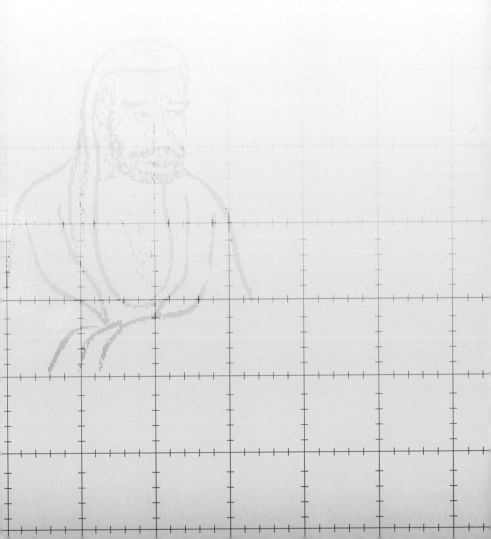

*1*重現「達摩一掌經」的風華

◎「達摩一掌經」的內蘊與誕生

當達摩祖師在梁武帝時代來到中土時，中國的佛學已經是盛世了。

達摩在少林寺面壁的九年間，出家為僧的人更是絡繹不絕！這些來自紅塵各路的人，固然有些人是發了大願，虔心修行，一心想要了脫苦海無邊的紅塵俗世；卻也有不少人，是為了逃避問題而來求師父剃渡出家的。後者這種人內心仍然對紅塵的人、事、物有相當的執著與牽繫，縱使外在身體進入空門，但內心的貪、瞋、癡、慢、疑並沒有稍稍退卻。這樣是沒有辦法以清淨意識來明心見性的，就算是佛陀也難渡他們！

所以，並不是每個人都適合出家修行的。於是達摩祖師傳授了這個「一掌經」的方法，來探知此人的前世今生以及是否有佛道因緣。只要有人來寺裡請求師父落髮出家，那麼師父只要問明來的人出生的資料，然後隻手在身後一掐，就會知道眼前的這位求法者，輪迴的業力習氣中，有沒有修行的根性；因

為有時候有些人未必要入空門，反而在他自己的紅塵道場中，會更有利於他的修行呢！

「達摩一掌經」是以十二生肖來定宮位，以佛法六道 (佛道、仙道、人道、阿修羅道、地獄道以及畜牲道) 原則分類，以人的出生年、月、日、時，推出落於哪一道，就可以測出一個人的前世，潛在性向，延伸至這一世中的性格是留在哪一道的頻率、要做什麼功課，以推論此生的命運！

◎「達摩笑了」：千年不枯的傳唱

● 工匠 vs 大師：外行看熱鬧，內行看門道

工匠　　　　　大師

◎────◎────◎

0分　　　80分　　　90分

一位成功而且家喻戶曉的明星，擁有市場行情而且算是多產的巨星，得過很多的國際獎項，並且擁有自己的粉絲後援會……正是當紅炸子雞，在被鎂光燈追逐過頭之後，發出令人深

省的一段話：「我的心願是能拍出一部真正我覺得滿意的代表作品」。

沒錯！所有的藝術家，不論是否曾經為了現實生存的需要，而接受商業市場的價值去創作，或者堅持為自己的理想，不與主流市場妥協而清貧一生，最終他們都會回到內心並且深深地問自己：「對一個身為藝術工作者而言，我真的有大師之作嗎？」

當你已經有了八十分或者九十分的世俗成就後（這個部分，透過外在市場，已經給了你分數——「票房」），最終，每個藝術家或者也可以說是每個人所追求的人生最終價值就是「代表作」了，也就是每往上突破一分的挑戰。

所以說，學一門學問，最要緊的就是觀念與態度。

任何「方法」的入門學習，如果說我們從一開始都不懂的零分，要進步到八十分，其實只要認真地付出三個月的時間就可以做到，也就是你會成為一個很會解釋命盤符號的高手了，這個時期一般人總是充滿了匠氣。然而要達到這個程度，基本上跟天賦是沒有太大關係的，只要你對生命這個領域的學問很

有興趣的話，花點時間，找個老師上課，你就能成為一個解盤高手。這個階段便足以讓我們在人際關係中大受歡迎了。

然而，如果以做一位藝術家的態度來經營自己人生的角度，要從已經很好的八十分精進到九十分時，甚至要挑戰更高的境界，都是要花上至少二十年以上，甚至是更長的一生光陰，因為這是一段紮紮實實的人格養成過程，而這能累積你另外一種很重要的能量，也就是當你在解讀這些共業的命盤時，能引領求助者去感受自己靈魂下意識的缺口，能看到靈魂美麗的詩篇，可以瞥見天堂的一幕，進而帶給對方內在意識的轉化。這個時候的你，便是一位芬芳滿溢的「大師」了。也更有能量去鼓舞、喚醒求助者的靈魂覺醒與能量提升，進而超越我們肉身宇宙的實相（命盤呈現的劇本），那麼，這個可能性才會發生。

● 魅力，其實很簡單

「術」是一種「方法」或者「工具」。所以，「五術」便是一種認識與經營生命的方法或工具。

「道」，則是「路」、「真理」，或者說它是一種「思想」。

簡單來說，我們學會某種論命工具，的確會使我們生活中的人際關係改善，而且很容易受歡迎。也就是說，當一般人遇到人生十字路口的徬徨、困惑時，如果身旁有懂命理相術的朋友，總會想請對方指點迷津或者提供一點建議。所以，學習命理相術的學問，的確是會讓我們受歡迎的，無形中也增加了人際相處的魅力。

● 蛻變的劊子手 — 門戶之見的把戲，無法帶來內心德行與外在成功

術 ｜ 道

但平心而論，光是懂命理，比如說，我們懂「子平八字」、「紫微斗數」、「姓名學」、「達摩一掌經」、「生命靈數」、「西洋占星術」、「占卜」等等，這些學問固然會幫助我們瞭解每個人此生的命盤劇本，提供我們理解每個人生活中發生的事件糾葛、人際的愛恨情愁，但是仍然不會讓我們的心靈真正的獲得自由。

因為就算知道了自己的命運，但是所有該面對的問題仍然在那裡，並不會因為我們懂了自己的命盤之後，所有問題與困難都不見了，套句女星賈永婕的廣告詞「不見了，統統不見了」，告訴大家：這是不可能的！所有的情況是：我們依然處在泥沼中、困境中，我們仍然要親自去面對並且處理它們；也就是說，只要我們還沒超越這些功課，挑戰依然劇烈，打擊仍然毫不手軟。

我們如果仔細觀察，在生活裡常有一群致力於靈性提升與不斷地追求形而上的修持者，這是我們所稱的「修道」人。他們總是走在很空靈的道途上，在生活中，他們跟周遭人際的交往、應對、談話、分享都像是聖賢哲人、大思想家，自恃高得有如現世的化外之民一樣。所以，當他發現周遭凡人浮沈於紅塵俗世中，他就扮演起教化人心的傳道士，見到人就拉、看到人就渡。所謂教者淘淘，而聽者渺渺，渡化的人情真意切，而受渡的人因為還沒有往上昇華轉移的高能量，跟這個修道者身心靈共赴的準備，所以只好仍然待在岸邊，無言以對、目送輕舟囉！這些引渡人錯過的機緣，實在太可惜了。因為受苦的人還在受苦！

所以，有時候他們會主觀地覺得學「方法」的人很巧門，就憑三寸之舌，就足以讓困頓的人，瞬間心扉大開，很快地豎起耳朵，願聞其詳，他們總覺得這不是究竟的渡法。因而，「修道」人常會武斷地覺得命術難登大雅之堂。所以，靈修的人很少有接納巧士的。

筆者常在課堂中與學生提醒到，要「術」、「道」同修。這是很重要的觀念。不領不悟這個道理，都會讓人走得太偏執。

首先，先應用學到的命理知識，可以讓你的朋友感覺到有被同理心到，感受到天地間本來已經沒有去路的時候，彷彿全世界只有你知道他們的處境發生了什麼事，並且瞭解他們正承受到的苦難，這個時候，彼此的頻率會一起達到相同的振動頻率，進而願意向你敞開心房。而這個時候，只要再帶入你豐富、芬芳、慶祝的生命哲學，渡化就悄然開始了。

所以，「術」、「道」同修是相當重要的。千萬別落入「道」就是高尚的、超凡入聖的。雖然，高裡來高裡去，但是能因緣俱足而受渡者卻少之又少，這要看各人的福報。「術」

就像是一個方便法門，先讓人家喜歡你，進而願意對你敞開心門，接著「道」（你的生命哲學、人生觀、價值觀）就可以幫助你的朋友去正視、去覺知生命中的靈魂學習，認出背後的靈魂功課，進而找到靈魂的原鄉。

這就是每一門學問中，大家可以窺見的三個層次：

第一個層次：「術」，就是表現知識技巧，解釋命盤的高手，這個階段「見山是山」。

第二個層次：「道」，就是帶入生命的實相，此時已經「見山不是山」了。

第三個層次：「藝」，藝術的境界。在這個層次上會再度「見山又是山」，只是不再是第一個層次的山了。

● 學校沒有教的學問：珍愛你手上的寶貝！

「哦～算命的啊！」

即使到現在，我仍然要鄭重地分享給大家一個觀念，五術

的智慧是生命的智慧；五術的學問，也是生命的學問。應該賦予現代的意義，簡單說，「五術的學問」就是「生命的學問」──學校沒有教的學問。它跟每個人的生命議題息息相關。是讓我們如何面對人生考題時的參考書；是每個生命旅人尋找北極星的參考座標，也是每個在大海中航行舵手的操作手冊。

＊ 註：什麼是「五術」？

1.「山」：養生（內心涵養心性的功夫，比如：長生不老術，房中術……）

2.「醫」：另類的，不是主流的醫療（比如：偏方、針灸、推拿、靈療……）

3.「命」：命理 (八字、紫微斗數、占星……)

4.「相」：手相、面相、體相、陰宅、陽宅、印鑑……

5.「卜」：卜卦、占卜（奇門遁甲……）

● 是它，讓我們與前世相逢：學哪一種學問最好？

教學之後，藉由來自四面八方的學生所提的問題做探討，

才發現中國人這個民族性格中的那種門戶之見、山頭主義，致使文化遺產受到顛沛流離、智慧傳承受到戕害、發展開創受到扼阻，遺害的深遠，到現在仍然方興未艾！

過去在中國人的傳統文化中，學術界一直都有「文人相輕」的習性，藝技界也多是那種「傳子不傳女」、「家傳不外傳」、「留一手」、「我們這一派是最好的、最準的山頭主義」……。

像過去，筆者的外公與舅舅在他們的年代都是地方上相當被神化的人物。家傳來到舅舅這一代，據說曾經有位故鄉的長者曾建議他將這些「八字、堪輿」的祖傳學問由我來傳承，但是沒被他老人家接受。後來，隨著他的凋零，所有祖傳下來的學問到此終止。（當然，宇宙自有一套劇本，筆者到了高中時，仍然因生命中的因緣催促，引領我進入這個領域探索自己的生命答案至今！）

回到正題，常有剛來到課堂上的學生會問我：

「老師，您覺得學哪一個比較好？是『八字』呢？還是「紫微斗數」呢？」

「老師，我聽人家說－『八字』比『紫微斗數』好？」（或者「紫微斗數」比「八字」好？）

「老師，我聽人家說『姓名學』不準？您覺得呢？」聽完他們發問後，我總有很深的感觸，頓時不知如何以對！

根據我多年的觀察，有一種發現，就是學習知識有三種人：

第一種人：專門應用在別人身上的，很會建議別人，但投射出來的意見都是自己充滿貪、瞋、痴、謀略、操控的手段與方法，那叫「算命型」。

第二種人：只想把知識用在自己身上的，那叫「學者型」。

第三種人：會用在自己身上，如果機緣到來時，就幫幫周遭的朋友，這叫「應用」型。

我學習東、西方的「五術」將近二十年，流轉在每個學問裡頭，都能看到生命的不同面貌透過不同的符號來呈現，對我來說，我總有許多無法言喻的感激與感動，因為它們引領我更

接近我自己，對我而言，在它們面前，我不敢有絲毫的輕狂。事實上，我們每個人在浩瀚的生命面前，我實在不懂，怎麼能不謙遜呢？

固然每一種學說都有它的門徒追隨者與熱衷的信仰者，他們總在捍衛著，並且會告訴你「我們才是最好的！」而這正是我所說的中國人的門戶與山頭主義在作祟！難怪西洋古文明「占星術」已經經歷復興、激盪、再創新，而有了更接近現代的親和感；反觀中國的五術，仍停留在舊時代、舊思維、舊門戶。

也就是說，沒有哪一門學問最好！哪一種學說最值得學！也沒有哪個學說比哪個學說好！簡單說：別問它有多麼艱澀、多麼深不見底、多麼地難學習，而以為難就是最好的、最值得的。其實，學問與知識是要變成可以「上手、好用」的應用工具，只要能做到讓你很容易理解、應用的，就是好學問。所有學問只要能內化成內在的智慧，在生活中經營與改善，就是好學問。我們要的不是學問知識本身，而是期待它能引領我們更接近生命、親吻生命、進入生命、接納生命，進而轉化生命、慶祝生命。

◎ 學好「達摩一掌經」的鑽石途徑

● 內功篇：啓動你的內在神祕交感

── 以豐厚的文化內涵奠基，語言才有穿透力

「達摩一掌經」易學難懂是這一門學說的特性。而這本書的編纂，對以禪宗不立文字的心法來說，仍然是粗俗的。因爲整個禪宗的心法是不立文字，直指人心的。所以，要進入到學說介紹之前，讀者們必須一次、兩次的體驗。

我爲什麼要花一點時間跟你們聊聊「達摩一掌經」，而沒有直接教你們技術面。因爲這個故事傳承起來，我總覺得它很美。而今天你們有機緣接觸到「達摩一掌經」，代表你們累世累劫中，曾經是禪門弟子呵！否則你沒有機會聽到我講述這個美好的故事。一定是在累世累劫中，你們聽過、當過，才會接近「達摩一掌經」。

禪宗這個門派最大的特色，就是「不立文字，直指人心」這八個字。

什麼叫做「不立文字，直指人心」？就是教法中，不跟你

們談太多的文字結構，沒有太多的講經說道。所以，<u>禪宗</u>的弟子不會叫你老實唸佛。它是很自由的。而「直指人心」一指的就是與其要講太多的話，不如回到你的真心裡面來，回到真心裡面來看看你的世界是什麼！所以，<u>禪宗</u>傳到六祖的時候，就不再往下傳了，這是為什麼？因為太難了。因為這種心法能傳承的，實在是非常少的！

這也是我為什麼要談及這一段，因為「達摩一掌經」與前世今生都有關係；如果你們只懂得專業，生命仍然是不會有所改變的，你們只不過將我的話翻過去而已。生命沒有創造力，你最好有一套自己的生命哲學。一邊呈現專業知識，一邊將這些生命哲學帶進去，讓別人的生命做覺醒，那你為別人解惑時會很有意義，完全不一樣。所以，人絕對有輪迴，人絕對有靈魂，每一門功課都是你要做的；這樣一來跟一般的江湖術士就會很不同；讓所有的學問進入你的身體，溶入你的血液，不用管你師承何方，表現出來的正是你最美的語言、最有穿透力的友誼。

所以，我將盡我最大的能力來呈現，以學說的最高層次一術、道、藝中的「藝」（即為藝術的境界）來傳達「達摩一掌

經」。也建議所有的讀者，可以多從文化面充實，會有助你將來以直覺力來解讀命盤，重建求助者的生命事件。

孔子說：不知生，焉知死！

宇宙有一個「頻率定律」，就是我們生前是什麼頻率，過世後就會是什麼頻率。「達摩一掌經」談的是「前世今生」。算出來的答案沒有什麼好與壞，只是你過去累生累劫走過什麼地方的紀錄。比如說：你可能到過很美的仙境，它代表的頻道是FM99.7，一不小心，也可能來到「旁生道」或者「修羅道」，而它的頻道可能是AM5381。

「達摩一掌經」非常容易掐，但不容易解。

「達摩一掌經」所記載的是我們過去累世累劫所去過地方的紀錄。所以，你去過仙道的地方，那地方是美得不食人間煙火，花鳥都很美，但沒有一點人。所以，有點不知如何與人相處，如何生存。但如果像電影「美夢成真」（羅賓威廉斯主演的）中的媽媽一樣，在鬼道時一天到晚就只會「抱怨」、「怨嘆」、「怪別人」等等。

　　所以，我們走後要去的世界，不是由別人來決定，而是你自己決定。

　　看看我們現在的生活，我們就可以知道在累世累劫時所做的選擇，我們到過哪些地方。每一道有不同的頻率，所以，我們有六道輪迴之說。中國人喜歡用文字來嚇人，鬼道就用「餓鬼道」，其實在哪一道的名字不是這門學說的重點，重點是你學到了什麼？你悟到了什麼？比較重要！「鬼道」的功課是什麼比較重要，不是用來說：「哦?哦?你是鬼道來的。」切記！切記！

　　證嚴師父曾說：「萬般帶不走，只有業隨身。」我們帶不走的是房子、金錢……帶得走的是－性情、才情、業力……。走過鬼道，就會有鬼道的紀錄，習氣會在。只要看大家過去曾在哪一道待過，就會知道大家有什麼習氣。就好比說，一位警察在調查時，只要把這個人的過去檔案拿過來看，紀錄中登載著這個人當過老師、保母、志工……等等，他就會有這些角色的習氣是一樣的。

　　如果你聽得懂「達摩一掌經」中所意指的，那麼，你就會

知道它們如何了！整個達摩「六祖禪經」與金剛經所談的一句話：「應無所住，而生其心。」指的是要認真去付出、去愛、去活在當下的。而付出與愛的過程中，「無所住」就是不要黏在上頭。只是盡心認真地活，不要管結果。那麼，你的禪宗生命就會來到一個果位。

當我們的確認真地活；假如有天買了車，結果出了點意外，就不敢再開車；假如過去感情沒有結果，就不敢再戀愛、結婚。不要被過去的經驗綁住，你只管認真地活，把生命過得很棒，但不要黏住過往，這就是「達摩一掌經」的心法。

習氣就等於是業力，是會被牽引的。「萬般帶不走，只有業隨身」這是真理！再多衣服、房子是帶不走的。只有才情、性情、業力帶得走。所以，各位：在賺錢的同時，別忘了花些時間培養自己的才情，涵養自己的習氣，否則此生就白走一趟了。

我們曾有過的頻率，留下了什麼習氣與業力？而又可以讓我們學習到什麼？

佛教有三毒：貪、瞋、癡。

貪：什麼都想要，凡事多一點再多一點……若在鬼道待過，靈魂就會有這個記憶。

瞋：生氣，動不動就發脾氣。若在修羅道待過，他們的靈魂也會存入這個印記。

癡：執著。若在畜生道待過，這些符號都會呈現在我們此生的肉身宇宙實相中。

提醒各位讀者，學說中最美的即是悟道、修道以及證道的漸次課程。別忘了，當我們對自己的命盤符號有覺察或修行時，為自己與別人帶來的麻煩就會少很多。若能自修的話，獲益的是你與你遇到的所有人。每當我們要再度抱怨別人之前，先檢視一下自己的命盤符號（自覺很重要），不然人際關係是不可能改善的；最好也能同時檢視對方的命盤符號，就可以選擇要迂迴處理或直接面對他們

發展生命中的高能量，發揮命盤中的善意，那麼別人就可以接收到你的高能量與善緣；大家要知道的是，符號的背後代表的是一個有靈魂的人，隨時都可能沈淪、毀滅而墮入黑暗深淵，也可以隨時轉化而進銀河之門（銀河是靈魂的原鄉）；靈

魂的能量變化了，與這些符號密碼的應對影響也會跟著變化了。

最終的註解：要開始學習跟自己的命運相處，因為沒有任何人看待你們的命運如你們自己這般，那麼地重視！

◎　達摩的千年詠嘆調：聽他唱個回想曲！

龍樹菩薩（註1）相傳已證得菩薩果位了。但為什麼他還沒能證得佛陀果位呢？實在是因為他早年欠人家一筆債，必須要修到很清靜才能證得。

話說，有一次龍樹菩薩在人間道的時候，生了一次很大的氣（當修行到一個層次之後，是不能發脾氣的，有句話「火燒功德林」，就是此意！），於是，他狂奔到樹林裡去，拿著他的劍到處揮舞，發洩他的情緒（這在當今應該還算不錯吧！因為他選擇一種沒有侵犯到別人權益的發洩方式啊！至少他沒像現在少年，血氣方剛，不爽時見人就砍！）。結果，這一發洩，砍死了樹堆裡的一群螞蟻；經過幾百年的輪迴之後，這些螞蟻轉世為盜，而他們的記憶體中仍存在著要報復。所以，龍樹菩

薩必須要還掉這些債務，才能升到佛陀果位。因為了悟了這個因果，結果他當下就把樹葉擺在他的脖子上，拿起他的寶劍，自刎脖子，了卻這些債之後，當下他就升天了。

我請大家想想：如果我們每天吃葷，到底我們要不要了卻這些債務呢？

由於我們仍然在六道中輪迴，先麻煩大家，暫時先不用去管我們的嘴巴吃葷或吃素，先修我們的心，當我們的心修到一個程度之後，自然就會很想要吃素了。反而，不要嘴巴、心腸還沒修好，只是拼命吃素，吃素之後，然後再來批判別人；批評別人沒有修好，這個不好，那個不對的，最後，自己修到心眼狹窄。

如果我們修到一個層次，內在就會升起一股慈悲心，自然就不會想要殺生吃葷。由於我們仍然在六道中，反而當我們修到一個境界時（已脫離六道輪迴時），只要發一個脾氣，不需要殺生，就像龍樹菩薩在樹林裡砍了一堆樹枝，而上面有一群螞蟻，他只是不小心傷害了這些螞蟻，都仍然要還這些債務的。如果我們證得果位時，脫離了這六道輪迴，就真的不太能

發脾氣的。因為發了很大的脾氣之後，就要承受很大的果報。

你真的沒辦法相信耶！「我只是拿個刀子在草地裡刷刷刷，不料裡頭有一百多隻螞蟻，到時候就要被砍頭回報！」這是禪宗裡蠻好玩的一個公案。蠻精彩的！

龍樹菩薩一路上傳下來的一個心法，當傳到達摩的時候，發現沒辦法在印度深耕。所以佛教萌芽在印度；長根、生根的地方在中國；而開花結果最美的地方都是在日本。日本的茶道（註2）很精緻、很優雅，就是從禪宗的精神傳過去的。

我們來談談達摩。達摩發現這朵花在印度沒有辦法往下生根，所以他就來到中國。他來中國的第一站，先見梁武帝。當時梁武帝佛法修得非常非常好。修橋舖路，供養了很多出家的僧侶，也蓋了很多的佛寺。

梁武帝聽說有遠從印度來的一位了不起的高僧到中國來傳教，於是，下令差人恭請他入皇宮，想要好好地請教他一番。

他說：「我梁武帝修橋舖路、蓋這麼多的佛寺、供養這麼多的出家眾，請你告訴我，我有沒有功德？」（你們猜達摩怎

麼跟他說呢？）

達摩說：「沒有功德！」（當聽了達摩這麼說時，這回梁武帝就生了很大的氣了！）。因為所有的經書上都說，只要你好好修橋舖路、蓋佛寺、供養出家眾，你就會得到功德。而你竟說我沒有功德，你這個遠來的和尚簡直胡亂說話。所以就把他逐出皇宮門口。 這時達摩非常非常的難過，難過的理由是因為他聽說中國有非常非常古老的文化與智慧，他多麼希望這朵花能在中國開花。現在這朵花傳過來，但沒有人接棒。這一生氣，就閉關進了少林寺的後山山洞面壁整整九年。不語也就算了，你很難相信，他居然九年不食耶！

請大家再想想，梁武帝到底有沒有功德？修橋舖路、蓋佛寺、供養出家眾，究竟有沒有功德呢？這要分兩個方面來談：

從人間世的地球角度來看，他當然有功德。從地球的福報而言，做財佈施，也就是你佈施金錢出去，錢就會回到你身上。所以，以地球福報而言，梁武帝當然有福報。梁武帝能當皇帝，沒福報是當不了皇帝的。就是因為他過去的確有修橋舖路，也的確有得到人間的福報了。不過，達摩說「你沒有功德」

的理由是什麼呢？

其實他的意思是，如果你要往上的層次而言，就是說要升得「菩薩」果位或「緣覺」或「聲聞」，就必須對於你付出的一切不執著。這時候你才能放下，你的付出才能超越出來。他指的沒有福報（因為他時時刻刻都記得他做了什麼好事），是指智慧上的福報。所以，如果有一個人每天造橋鋪路、捐錢做善事，然後每天告訴別人他造橋鋪路、做了什麼好事，如數家珍，有沒有可能得到人世間的錢，告訴大家：一樣可以的。

不管你有沒有對別人說，一樣是可以得到人間的福報的。但重點是智慧並沒有開。但達摩不想告訴梁武帝這一段，沒有用的。因為每個人都要生存的，重要的是要開智慧。達摩他講的「你沒有福報」，指的是這一段。可惜梁武帝悟性不高，達摩難過得就面壁九年。

未來在「達摩一掌經」中，所說的是形而上智慧的部分，而不是形而下的名相。

在這九年中，從河北來了一位和尚，聽說印度來了位很了不起、很厲害的和尚，所以他就從河北來到河南的少林寺想見

達摩。可是達摩就是堅持不見他。他用盡了方法，但就是見不到他。

於是，他就想了一個法子可以逼達摩見他 ── 「斷臂求法」。這就是非常有名的惠可斷臂求法。他跪在山洞前，向達摩說：「如果你今天再不見我，我就把我的手臂切斷下來，直到你見我爲止。」但當他將這句話說完後，達摩並沒有轉過來見他。

果眞，他割了他的手臂，躺在血泊中，就希望能見到他。這個時候，達摩從他的金剛座轉過來問他：「既然你求法如此心切，那你告訴我：你要問什麼？」

他說：「我的心不安，請你安我的心。」

達摩說：「那簡單，既然要我安你的心，那你就把你的心拿出來，我幫你安。」

惠可當下就頓悟了。他悟到什麼並沒有任何交待。但禪宗裡有很多的公案，都是說到這裡就完了。於是他就直接從人道躍升上去了，這就叫「頓悟」。惠可傳給了三祖僧燦，但中國

哲學史上比較沒有聽過這個人的故事。

禪宗來到了五祖時，有兩個人準備要接棒了，一個是神秀、一個是惠能。正為不知道該傳給誰而傷腦筋？於是，他想到了一個法子，就是：誰能在寺門前提偈，誰提得好，衣鉢就傳給他。

神秀因為書唸得好，而惠能本身沒有唸什麼書。惠能從小就是一個柴夫，不識一個斗大的字，一個字都不認得，從小上山砍柴。而神秀在廟裡讀很多很多的書，於是，他就寫了一首偈：

身如菩提樹，心似明鏡台，時時勤拂拭，莫使惹塵埃。

而惠能因為不會寫字，所以，他就請旁邊的人幫他寫下：

菩提本無樹，明鏡亦非台，本來無一物，何處惹塵埃。

當下一念過，就過了！

五祖發現惠能的層次顯然比神秀高超許多。但這下可慘了，因為神秀書唸得雖好，但心眼狹小。當夜，五祖將惠能叫到房間去傳授禪宗的心法，並且把衣鉢交給他，並說：「你必

須連夜逃命，依我對神秀的了解，他必會搶回你的衣缽，並且殺你滅口』。所以，他連夜就逃了。

他這一逃，就逃了十四年。並且隱身在獵人堆裡頭，長年都吃素，做出這樣的磨練。但禪宗傳到惠能就沒有了。這兩個人的不同究竟在那裡呢？

一般的眾生，期許自己常常練習，時時反省，不要老是沾惹外在的塵埃……而惠能是「開玩笑，說不沾就不沾，放下屠刀，立地成佛。」這句名言就是惠能說的！

凡人的我們是每天處處惹塵埃，然後再慢慢地磨磨、擦擦，沾了再擦、擦了再沾，這就是佛家說的「漸修」，慢慢地修行。而惠能說的是「頓悟」。所以，如果我們是個大慧根的人，當下就頓悟，沒有什麼好惹塵埃。當下就修行自己了。而如果我們聽不懂，就只好經過二百世、三百世的漸修囉！禪宗的意境總讓人熱血沸騰！

佛陀講經說法的時候，曾有一群人非常反對阿難（註3）的說詞。阿難在中國的佛法中，是紀錄佛法文章的人。各種的經典都是他寫的。他提出一個觀點：「不一定只有男人才能成

佛，女人一樣可以成佛。」

這個說法觸犯了所有的出家眾，他們認為女人業障深重，至少要再多修行五百年才可以成佛。但阿難強烈主張說：「沒有，男女一定都可以成佛」。女人出家修行是從阿難開始提出來的。否則之前只有男人有機會得道成佛。

這群已證得菩薩果位的出家眾，認為這個觀念根本狗屁不通，不以為然之外，還憤而離開，這一離開很慘。這五百位修行人，這兩千多年以來，仍然在顛沛流離，只因他們在佛陀講經說法的時候憤而離席。然而這五百名修行人都有很高的智慧，只是很奇怪的是都很窮！這幾世轉世以來都很窮。所以，禪宗傳到惠能就停了。停的理由是因為：

中國文化沒有辦法開花。中國仍舊是一個很務實的地方，說好聽點是務實，說難聽一點是現實。為了吃飽飯的問題，所以這個文化就傳到日本。在日本完完全全地開花。這文化以櫻花為代表，櫻花優美、精緻，精緻到不能碰，因為很少人悟到這個道理。

筆者曾有位同學與我聊起日本茶道時，就說到一件令她搖

頭的經驗：有一次在茶道老師家，一位新學員慕名而來，想體驗<u>日本</u>茶道。剛進行沒多久，這位學員就將<u>中國</u>人那套社交的活絡熱情全帶進來了，不一會兒時間開始問了：「老師，這茶道要學多久才會啊？」「老師，您這個茶道要多少學費啊？」果真，在這個例子中活生生地看到了<u>中國</u>人務實的民族性格了吧！

一直來到<u>中國</u>的<u>明朝</u>，開始就有兩個學派的興起。一個是心相學派，一個是理相學派。「心相學派」以<u>王陽明</u>為代表，談心、「革心」；就是當下心念一悟，就悟道了。而「理相學派」則以<u>朱熹</u>為代表，談「革物」；指的是時時勤拂拭，莫使惹塵埃。

<u>禪宗</u>很大的地方斷了一個脈，斷脈之後，就從<u>王陽明</u>那裡開始接棒。

在談「達摩一掌經」時，是一門易學難懂的知識，多多學習這門學問的文化面，會有助學說的深入與價值。

※ 註 1：

龍樹菩薩是大乘佛教的創始人，生於約公元二至三世紀，是南印度的婆羅門姓，傳說他的父親姓龍，母親生他於樹下，所以名做龍樹。

龍樹少年時期，就已經成名的很早——聰明、博聞、上知天文、下通地理，沒有不知道的事，青年時期的他已經名氣很大了。青少年時，龍樹菩薩和他的好友學會隱身術後，從此常常夜入王宮，恣情享樂。

後來，事跡敗露。龍樹的好友都被國王斬首示眾，而龍樹僥倖逃過一劫。經過這一個劫難，龍樹覺醒，於是下決心皈依佛門修行。他向一位沙門虔誠請求出家受戒。在佛寺待了九十多天後，讀遍了所有經論。由於已經沒有其他的經文可以繼續進修的情形下，龍樹辭師下山。

後來又遇到一位老和尚並向他求教，得到了大乘經典，他潛心研究。三個月後，竟然能理解並且熟背，但仍然感受無法滿足他求知的慾望，於是他就開始周遊列國，蒐集各種經論。一路上，他還和各個門派的佛學者辯論，但是由於他太聰明了，以致於其他人都辯不過他。這使得他逐漸產生了驕傲之心，萌生非分之想，想另外自立門派，廣收徒弟，弘揚他的學說。

就在這個時候，有一位目光炯炯、長鬍鬚、眼睛很大的老和尚特地來找他。對他說：「年輕人啊！你不能持井底之蛙的眼光看全世界，你的學

識再高，能高過佛陀嗎？你且跟我到一個地方，讓你看看這世界還有你不知道的浩瀚，你再下結論也不遲吧！」這位老和尚就帶他到金碧輝煌的海龍王宮殿，並開啟水底龍宮的藏經閣，裡面藏著數不盡的稀世經典，書庫裡發出陣陣幽香，這下子龍樹真的滿足了。他饑渴似地晝夜閱讀，老和尚就教授他一個密法，他的視野頓時開闊了；他在龍宮待了很久，終於體悟教理，除此之外，老和尚還授予他一些神通術。告別恩師之後，龍樹仍回到南印度。從此大力宣揚佛法，推廣大乘佛教。

龍樹菩薩在世時，著述豐富，成就斐然，是中國的八宗之祖。

※ 註2：

日本茶道：西元八世紀，當時正值中國的唐朝，由於日本人心儀唐朝，於是派遣全國使節來到中國考察與留學。仿唐的內涵，從文字、衣著、飲食儀禮等方面，徹底一次「新唐化」的文化革命，影響相當深遠。而以茶道發展最具完整性。

一般講到日本茶道，就會想到四規七則的內涵：

「四規」：

和：代表平和。從人與空間、人與人之間的平和，進而到人與大自然的調和。茶會在主人與客人之間充滿著如「請」、「請慢用」濃郁的人情味

以及以禮待人的言詞，透過繁瑣、複雜的古老習俗——「茶道」來做內心與內心的相互溝通，去品味這中間昇華的美學。

敬：代表尊敬、敬愛。對長輩以及倫常的平等敬愛。在茶道進行的整個過程，充滿著主人與客人彼此之間相互的尊敬，主人以非常尊敬的態度向客人鞠躬，客人也以同樣的尊敬來接受它，進而內心就會開始對任何事物都抱著謙遜的心。

清：清淨、潔淨、幽靜的意思。透過茶會道具的樸實、簡單、清潔，由清而寂靜，就像待在不受外界干擾的寂靜空間裡，內心深深的加以沈澱的感覺。茶放在特別的銅壺裡，這是茶道儀式的一部分，所以每一個人都很安靜注意在聽，夠清靜就會聽到鳥兒在外面的花園裡吱吱喳喳，也同時聽著茶壺和茶之間所舞弄出的曲調，周圍繞著一種詳和的氛圍。心無雜念，清靜心意，把世俗煩惱拋到腦後，全然投注在當下。坐在寧靜的茶室中聽著熱水沸騰的聲音，天地之間只留下這獨奏曲，沒有干擾的平靜，會讓人感受到內心幸福。主人泡茶時，是很專注在眼前所泡的這壺茶，不與客人談話的。但客人之間彼此仍然是可以談話的。

寂：向內心走的凝神沈思。在清靜的同時，就能觀照覺察自己知足的內心，把我們心中的妄想、執著、顛倒、邪見這些垃圾除掉，在深深的沈思中，自內心沈澱，達到安祥、寧靜的感覺，這就是禪宗所內蘊昇華的美學藝術。

「七則」：

茶要濃淡適口。

添炭煮茶要注意火候。

隨著季節的變化，茶水的溫度要與之相對應。

插花要新鮮。

時間要提早些 (一般客人會比主人邀請的時間提早15至30分鐘到達)。

不下雨也要準備雨具。

要周到地照顧所有的客人。

※註3

　　阿難：釋迦牟尼的十大弟子之一，為梵語 Ananda 的音譯。意為「歡喜」、「喜慶」。原來是釋迦牟尼佛的堂弟，之後跟隨佛陀出家。佛陀五十五歲時，選阿難為常隨侍者，當侍者達二十五年。佛祖涅盤後，大迦葉尊者成為「初祖」，統領廣大佛家弟子。大迦葉圓寂後，阿難尊者繼承迦葉率領徒眾宏揚佛法，被後世尊成為「二祖」。在寺院中，阿難與迦葉總是侍立在佛祖的兩邊，成為佛祖的協持。

● 靈魂的專屬成分標：如何辨識靈魂的材質

為了方便閱讀，我們有必要讓讀者先略為理解這個解釋系統，瞭解它在整個學說中所扮演的角色。

大家也許有聽過這樣一句話：「耶！你很不入流ㄋㄟ！」

「佛學系統」：

阿		
羅	佛陀	↑
漢	菩薩	入
果	緣覺	流（斷煩惱）
位	聲聞	

六	佛	
道	仙	不
輪	人	入
迴	修羅道	流（煩惱無邊）
	畜牲	↓
	鬼道	

「入流」：入聖人之流——殞落的煩惱

所謂的「入流」，在佛學上是有特殊的說法的，又稱「入聖人之流」，而「聖人」就是指已經斷煩惱、脫離六道輪迴並擢升至「阿羅漢果位」，就是上表中的「聲聞、緣覺、菩薩、佛陀」等果位，不需再入輪迴的大海載沈。

(1)聲聞：因聽聞到佛法的聲教，明瞭苦空無常的道理，了斷偏見思辨困惑，而證得「阿羅漢」果位。

(2) 緣覺：根性比「聲聞」稍利，因緣接觸到佛法而修道覺悟，斷偏見思困惑，更進而修內在的習氣；觀飛花落葉，進而悟道者。

(3)菩薩：有大根性，從發起初心，就發廣大誓願，普渡眾生，所以又稱「大乘」；「聲聞」與「緣覺」都算是「小乘」，修習的是自己。「大乘」是利益眾生，普渡眾生。我們常說的「行菩薩道」就是了。自覺又能覺悟一切有情世界。

「不入流」－「六道」輪迴的靈魂成分標：

「天道」：威德特尊，神用自在；共有三界二十八重天，其中：

(1)欲界：有六重天，也跟人間一般，有男女飲食的慾望，故名欲界。而大家耳熟能詳的玉皇大帝、魔王波旬其實都仍然是在六道輪迴中的眾生，只是具有威德，所以得到人間香火。

(2)色界：有十八重天，有禪定的功夫，而且已經沒有男女飲食的慾望了，但因為仍保有色身和宮殿樓閣，故名色界。

(3)無色界：有四重天，進入更深的禪定，不但沒有飲食男女的慾望，也沒有色身的執著，只留神識。天上的各種享受，勝於人間。

「飲食」吃的是天廚妙味；「衣服」穿的是天衣無縫，不像人間，千縫百補。

「壽命」也比人間長很多，比如第一重天，壽命五百歲，以人間五十年為一天來計算；每向上一層，按等比倍數增加，如第二重天，壽命一千歲，人間的一百年為一天來計算。

由此可知，雖然在天道的靈魂層次裡，但因為還有些慾望的存在，所以當福壽享盡時，依然要再受輪迴的苦。下一章節，在掐前世今生時，若有來自此道者，雖然享有大福報，但是仍有靈魂的功課要做。

「人道」：人爲萬物之靈，因爲深感人生苦樂參半（人生有：生、老、病、死、求不得苦、愛別離苦、怨憎會苦、五蘊熾盛苦），也因爲感受到痛苦，才會想到要修行，所以人是最有機會修行的。

「阿修羅」：多瞋多忌，不具形體，在「天道、人道、畜生道、鬼道」中有四種修羅。日遊虛空，暮歸水宿，雖行五常，卻常懷瞋怒、忌慢之心。當心處於逆境時，容易生起瞋忌。

「鬼道」：分爲「無財鬼」與「有財鬼」。

「無財鬼」：又稱「餓鬼道」。沒有福德，無法得到食物。「無財鬼」所看見的清水都變成膿血，無法飲食，饑渴難耐；而且常爲刀驅逼，是非常非常苦的生活。

「焰口鬼」：所有食物一進口裡，就化爲灰燼，所以有目蓮救母的故事。目蓮尊者的媽媽在世時，爲惡多端，所以在身故之後墮入此道。

「針咽鬼」：肚子大如山，而咽喉細如針孔，

　　　　　　　　　　永遠都填不滿肚子。

　「臭口鬼」：口中腐臭，所有食物臭到無法
　　　　　　　下嚥。

「有財鬼」：多得飲食，常常得到祭祀。

　「得失鬼」：常得巷陌的遺食。

　「勢力鬼」：具威德勢力，常得人間祭祀。
　　　　　　城隍爺、土地公、王爺，乃至一
　　　　　　般神祇都是。享有「壽命」五百
　　　　　　歲，以人間一月為一日計算。

「旁生道」：前生愚痴，參不透事理，眼不聰而心不明
了，執著得不得了。「壽命」，有朝生而暮死，有春夏生而秋
冬死。生活形態不是為人苦役、被人充食、為人所殺或互相殘
殺咬食。

● 　你看！「六道」就在我們生活裡

「六道」存於我們業的景象認知範圍之外；看看周遭的世
界，也看看我們的內心世界，我們能辨視到「六道」的確是存
在的。它們存在的方式，在於我們無意識地將煩惱投射出去，
把環繞我們的「六道」具體化，並且界定這「六道」當中的生

活方式、形式、品味和內容。它存在我們每一個人的身心靈系統中，它們是各種輪迴中靈魂的記憶和表達，形成我們此生所扮演角色的性格，並且如實地呈現。

讓我們看看「六道」是如何在周遭世界裡投射和呈現。比如：「天道」的主要特色是沒有痛苦，那是永不改變的美，以及極盡享受世界之能事。天神的樣子：高大英挺、閒散地斜躺在風和日麗的沙灘上或花園裡，聽著自己喜愛的音樂，沈醉在美好的環境中，每天都在禪定中，不曾碰到任何痛苦的情境，好到不曾想過要探索自己的本性。

而「阿修羅道」每天都在商場陰謀和競爭中；而「餓鬼道」的人，有些人即使富可敵國，但仍然從未滿足過，渴望併吞一家又一家公司，版圖永遠表現著他們的企圖與貪欲，這些人，永遠有著餵不飽的肚子，就是「餓鬼道」；我們在這個科技網路發達的寶瓶時代，打開電視的任何頻道，戰爭、大企業併吞、社會血腥殘暴事件……你立刻就可以看到「阿修羅道」和「餓鬼道」的世界了。

「天道」的生活品質好像是比「人道」還要好，我們周遭朋友有過度潔癖，嫌惡、鄙視生活環境；而「人道」因有著

生、老、病、死、苦、求不得苦、愛別離苦、怨憎會苦、五蘊
熾盛苦⋯⋯好像隨著年歲增長而感受到無所不在的苦，這可以
督促、喚醒我們轉為精神上的修行，正視超越輪迴禁錮的牢
籠。

如果我們想知道自己的前世今生，只消看一看我們現在的
情況；而如果我們還想知道我們的未來世，看看我們目前的行
為。我們每分每秒所升起且強化的每個思想、作為、情緒、慾
望⋯⋯形成固若金湯的習氣，被深深地存放在輪迴的黑盒子
中，它是黑暗的、有力的磁鐵，導致我們生生世世的每一次障
礙與痛苦、每一個不幸與災禍。當我們真正頓悟並且掌握輪迴
業力對我們的影響時，就能看到生生世世裡，我們是如何地織
進無明的網子中，我們是被多麼具毀滅性的能量來操縱著我們
的凡夫心、凡夫體，讓我們無法發揮對別人無條件的愛與對
待，而阻礙我們慈悲的真性。

● 換湯不換藥的面具：揭開輪迴在生活舞台中據地為王

我們如何與這個世界應對，完全取決於每個人在輪迴時的
結構。俗稱的「業力」。比如：以「江河」來說明，對「人道」
來說，他們把江河看成是江河，是可以清洗與止渴的。對神仙

來說，是瓊漿玉液；對「餓鬼道」的人來說，把它看成恐怖的膿水；對「地獄道」的人來說，會將它看成是滾燙的岩漿。同樣是水，但看待的方式卻大不同。

簡而言之，在日常生活中，同樣發生一件事，有些人感受到雖然結果不滿意，但仍感恩事件帶來的靈性意義；有些人則一路抱怨到底，更有些人感覺痛苦有如在刀山油鍋中受著煎熬。這些現象告訴我們，有些人把這一趟看成是在天堂，有些人則覺得他們的人生如同一趟地獄之行。

我們會對生活中的每一樣事務看待成這個樣子，那是因為我們生生世世都以同樣的方式重複強化內在的經驗。「一掌經」的學說，就是讓我們學習如何認知那個我們一直在輪迴中帶著生生世世的黑盒子，我們要在當下直接療癒已經固化並且操縱我們此生命運的性格；我們的所有行為把我們束縛在人世間永無止境的生死輪迴裡。所以從此刻開始，對自己所選擇的生活方式，自己要當責任者，要負起責任。因為，從你接觸這本書開始，正是轉變的契機，現在的生活方式，就會決定我們的整個未來。

達摩出招了

2 達摩出招了

你也能輕鬆地算出自己的「前世今生」！

◎ 命盤的遊戲規則

● 命盤符號：盤面宮位說明

「十二宮」：十二個方格子中，對應有十二個內容。如下圖依續是：子宮，丑宮，寅宮，卯宮，辰宮，巳宮，午宮，未宮，申宮，酉宮，戌宮，亥宮

巳	午	未	申
辰			酉
卯		起算	戌
寅	丑	子	亥

「十二生肖」－如下圖：（鼠）子宮，（牛）丑宮，（虎）
寅宮，（兔）卯宮，（龍）辰

宮，（蛇）巳宮，（馬）午宮，
（羊）未宮，（猴）申宮，（雞）
酉宮，（狗）戌宮，（豬）亥宮

蛇　巳	馬　午	羊　未	猴　申
龍　辰			雞　酉
兔　卯		起算	狗　戌
虎　寅	牛　丑	鼠　子	豬　亥

「一掌經」：共有六組對角線，也就是對面宮位。如下
圖：

佛道：子宮（貴，女居士），午宮（福，男居士）

仙道：巳宮（文，仙女），亥宮（壽，仙男）

人道：寅宮（權，商人），申宮（孤，出家人）

修羅道：辰宮（奸），戌宮（藝）

旁生道：卯宮（破），酉宮（刃）

鬼道：丑宮（厄），未宮（驛）

巳　蛇 文 【仙女】	午　馬 福 【佛道】【男居士】	未　羊 驛 【鬼道】	申　猴 孤 【人道】【出家人】
辰　龍 奸 【修羅道】			酉　雞 刃 【畜牲道】
卯　兔 破 【畜牲道】			戌　狗 藝 【修羅道】
寅　虎 權 【人道】【商人】	丑　牛 厄 【鬼道】	子　鼠 貴 【佛道】【女居士】	亥　豬 壽 【仙男】

● 一分鐘教會你排命盤

在一開始的時候，我就跟大家說過，「達摩一掌經」這門學問易學、易招。您們可以上北極星生命方程式的網站http://www.lode-star.biz）。但是，我現在要教你們用手掌就可以很快地算出自己的命盤哦！

在我們開始排命盤之前，有幾個原則要注意，以免一步

錯，就全局錯了。

首先是先將出生日期的『年、月、日、時』資料，由國曆日期轉換成農曆日期，並將出生的時間也要換成中國式的表達法（子時，丑時⋯⋯）。比如：如花姑娘（國曆）95年4月5日，上午9點25分出生。那麼，我們要轉換成如花姑娘（農曆）95年3月8日巳時生，即可。

「年」：生肖定宮位

雖然靈魂的輪迴週轉千百劫，但以現在有限的出生資料，至少可以知道最接近此生的輪迴狀態。而且行文至此，更希望大家掌握住禪宗不著名相，不立文字，直指人心的智慧。千萬不要犯了一個毛病，對著你的朋友直說：「哦～你是鬼道來的！你是畜生道來的⋯⋯」

「達摩一掌經」像是一個磁場，一極接著前世，一極接著今生，每個人的心靈羅盤在這裡感應著強烈的節奏。當你理解這裡頭的深沈意義的時候，只要輕輕點出，就能托出一個隱潛的天地，開啓一道生命的閘門；這些細胞記憶，靈魂DNA的密碼，始終未曾消失。

　　所以，當我們揭開這個面紗的時候，知道我們來自哪一道的前世今生都不如學習靈魂課題來得重要！切記！切記！

　　【案例】阿貴（男生）70年次，生肖屬「雞」。

　　阿貴的生肖屬「雞」，可在命盤中的「酉宮」找到。於是，由出生年找到第一個一掌經為「刃」。

　　大家一定知道有一種大富翁遊戲，每個遊戲者都會有一個代表自己的棋子，好在每次擲完骰子時，可以在地圖上數格子遊走。現在，想像把這個棋子放到剛剛找到的「酉宮」裡。

巳　蛇 文 【仙女】	午　馬 福 【佛道】【男居士】	未　羊 驛 【鬼道】	申　猴 孤 【人道】【出家人】
辰　龍 奸 【修羅道】			酉　雞 刃 【畜牲道】
卯　兔 破 【畜牲道】			戌　狗 藝 【修羅道】
寅　虎 權 【人道】【商人】	丑　牛 厄 【鬼道】	子　鼠 貴 【佛道】【女居士】	亥　豬 壽 【仙男】

「月」：年上起月

接上例：阿貴（農曆）70年３月出生。

現在要把握住「男生順時針，女生逆時針」的原則。而剛剛我們已由出生年與生肖得知在酉宮的「刃」，接著年上起月的意思就是要在「酉宮──刃」順時針跳三格（原因阿貴是男生，月份是３月），但要記得起跳時，「酉宮──刃」本身也要跳一次，才可以往下一格走。

於是，「達摩一掌經」的第二個字就算出來了──亥宮「壽」。你答對了嗎？

巳 蛇 文 【仙女】	午 馬 福 【佛道】【男居士】	未 羊 驛 【鬼道】	申 猴 孤 【人道】【出家人】
辰 龍 奸 【修羅道】			酉 雞 刃 【畜牲道】
卯 兔 破 【畜牲道】			戌 狗 藝 【修羅道】
寅 虎 權 【人道】【商人】	丑 牛 厄 【鬼道】	子 鼠 貴 【佛道】【女居士】	亥 豬 壽 【仙男】

「日」：月上起日

接上例：阿貴（農曆）70年３月11日出生。

把握住「男生順時針，女生逆時針」的原則。剛剛我們已由月得知在亥宮的「壽」（想像棋子此時是放在亥宮），接著月上起日的意思就是要在「亥宮——壽」順時針跳11格，但要記得起跳時，「亥宮——壽」本身也要跳一次，才可以往下一格走。

於是，達摩一掌經的第三個字就算出來了——酉宮「刃」。你答對了嗎？

巳　蛇 文 【仙女】	午　馬 福 【佛道】【男居士】	未　羊 驛 【鬼道】	申　猴 孤 【人道】【出家人】
辰　龍 奸 【修羅道】			酉　雞 刃 【畜牲道】
卯　兔 破 【畜牲道】			戌　狗 藝 【修羅道】
寅　虎 權 【人道】【商人】	丑　牛 厄 【鬼道】	子　鼠 貴 【佛道】【女居士】	亥　豬 壽 【仙男】

「時」：日上起時（子時開始）

接上例：阿貴（農曆）70年３月11日酉時（下午５點半）出生。

把握住「男生順時針，生逆時針」的原則。剛剛我們已由日得知在酉宮的【刃】（想像棋子此時是放在酉宮），接著日上起時（子時）的意思就是要在「酉宮──刃」順時針跳10格（因爲酉時，是從子、丑、寅、卯、辰、巳、午、未、申、酉、戌、亥算過來的第10個時辰），但要記得起跳時，「酉宮──刃」本身也要跳一次，才可以往下一格走。

於是，達摩一掌經的第四個字就算出來了──午宮「福」。你答對了嗎？

時辰參照表

上午	下午
1.子 (23～01)	7. 午 (11～13)
2.丑 (01～03)	8. 未 (13～15)

3.寅 (03～05)　　9. 申 (15～17)

4.卯 (05～07)　　10. 酉 (17～19)

5.辰 (07～09)　　11. 戌 (19～21)

6.巳 (09～11)　　12. 亥 (21～23)

巳　蛇 文 【仙女】	午　馬 福 【佛道】【男居士】	未　羊 驛 【鬼道】	申　猴 孤 【人道】【出家人】
辰　龍 奸 【修羅道】			酉　雞 刃 【畜牲道】
卯　兔 破 【畜牲道】			戌　狗 藝 【修羅道】
寅　虎 權 【人道】【商人】	丑　牛 厄 【鬼道】	子　鼠 貴 【佛道】【女居士】	亥　豬 壽 【仙男】

附註：

　　以下出生者，時辰要注意調整。日光節約時間又稱夏令時間，作用在於使民眾能提早一個小時起床，達到早睡早起，節約能源的目的。日光節約的時間是將原本的標準時間撥快一個小時，但分秒不變，恢復時再撥慢一個小時。

　　西元1916年首先在德國施行，我國從民國34年起至68年施行日光節約，如下表；（但是民國51年～62年、65年～67年期間停止實施）民國68年後就沒有再實施了。

民國34年～40年	夏令時間	5月1日至 9月30日
民國41年	日光節約時間	3月1日至10月31日
民國42～43年	日光節約時間	4月1日至10月31日
民國44～45年	日光節約時間	4月1日至10月31日
民國46～48年	夏令時間	4月1日至 9月30日
民國49～50年	夏令時間	6月1日至9月30日
民國51～62年	無實施	無實施

民國63～64年	日光節約時間	4月1日至9月30日
民國65～67年	無實施	無實施
民國68年	日光節約時間	7月1日至9月30日

　　範例：大明的生日是（國曆）49年10月3日17時出生；那麼根據日光節約表調整後的正確生辰資料為（國曆）49年10月3日18時出生。

◎ 讓我與前世相遇：命盤位置介紹

　　將算出的「一掌經」結果，依序地放入下表中，接下來就是來瞭解各宮位所代表的意義以及前世今生的狀態。

　　很多人都會有疑問，難道就只有這四世嗎？排序呢？這又犯到了一個附著在名相上的盲點，這是千萬要避免的。相信有輪迴的，人有累世累劫的生生世世，在「一掌經」的學說裡，不以通靈的角度來看，而是以有限的出生資訊，每個人就能算出距離今生較近的前世。用這個簡單的邏輯來建立解盤的觀念：我們身上的靈魂有所謂的老年靈以及少年靈，所以我們所

應用的出生資料裡，影響的程度，以出生時辰的輪迴最接近今生，也是最代表少年靈。

「父母宮」：那麼以出生年所算出的前世，是距今較遠的第四世，影響是有的，稱為「父母宮」，代表今生的童年期、幼年期的成長狀態，看的是祖德餘蘊，看的是與父母的相處對待情形。

「事業宮、兄弟宮、朋友宮」：由出生月所算出的「一掌經」代表的是第三世，比出生年更接近今生，對應到此世影響的是「事業宮、兄弟宮、朋友宮」，主宰的是青年期，16～32歲的行運。代表著事業的態度與企圖心；和手足兄弟、朋友間的交往情形。

「夫妻宮」：由出生日所算出的一掌經代表的是第二世，更接近今生了，越接近今生，影響性格的力量越大，對應到此世影響的是「夫妻宮」，代表中年期，主宰著33～48歲的中年造化；也是夫妻間相處的情形。

「命宮」：由出生時所算出的「一掌經」代表的是前一世，最接近今生了，越接近今生，影響性格的力量越大，所以

我們稱之爲「命宮」，爲性格總論，代表晚年的榮枯，以及48
歲以後的行運。更可看出與子女後嗣的對待情形。

生日	前世今生	宮位代表	說明	達摩一掌經
根_年	前第四世	父母宮	幼年期，1～16歲的童年行運。看家庭根基以及祖蔭福德；與父母相處及童年的狀態	刃
苗_月	前第三世	事業宮 兄弟宮 朋友宮	青年期，16～32歲的青年期行運。主宰著事業的態度和企圖心與手足兄弟、朋友間的交往情形。	壽
花_日	前第二世	夫妻宮	中年期，33～48歲的中年行運。主宰著中年的造化；也是夫妻間相處的情形。	刃
果_時	前第一世	命宮	晚年及總論。48歲以後的晚景榮枯與行運。子女後嗣的對待情形。	福

◎ 掌中祕訣、手招前世今生

現在將命盤的棋盤宮位放到左手掌上來，如附圖。熟記命盤宮位之後，就如同一本無字天書在你掌中，信手掐來（以左手掌的拇指來當做跳棋），每一個人的前世今生便能一目瞭然。

兩張盤對照：

巳 蛇 文 【仙女】	午 馬 福 【佛道】【男居士】	未 羊 驛 【鬼道】	申 猴 孤 【人道】【出家人】
辰 龍 奸 【修羅道】			酉 雞 刃 【畜牲道】
卯 兔 破 【畜牲道】			戌 狗 藝 【修羅道】
寅 虎 權 【人道】【商人】	丑 牛 厄 【鬼道】	子 鼠 貴 【佛道】【女居士】	亥 豬 壽 【仙男】

「練習」

現在我們馬上就以掌中訣來練習例子。現在就來玩一個跳棋遊戲,棋盤就是左手掌上的命盤,左手拇指就是那個主角跳棋棋子。Let's go!

(案例)英雄的農曆出生資料為:70年5月11日亥時出生。

以拇指招出年的結果

將左手拇指棋子根據英雄的出生年70年次,得知生肖是屬「雞」,此時拇指要放在小指的第二節「酉」宮位置,第一個字是「刃」,你答對了嗎?

Bingo！

以拇指招出月的結果

　　接著剛剛的酉宮，左手拇指不要放開，注意英雄是男生，所以男生要順時針推進，而且記得本身的酉宮就要跳一次（這點要記得），然後英雄的出生是 5 月，棋子開始走，數到 5 時，走到了「丑宮」是在中指第四節（在手掌心中指的根部上）。第二個字是「厄」，你答對了嗎？

Bingo！

以拇指招出日的結果

接著剛剛的丑宮，左手拇指仍然不要放開，然後英雄的出生日是11日，棋子開始走，記得本身的丑宮就要算跳一次（這點要記得），數到11時，走到「亥宮」的位子上，第三個字算出是「壽」，你答對了嗎？

Bingo！

以拇指招出時的結果

接著剛剛的亥宮，左手拇指仍繼續不要放開，英雄的出生時辰是亥時，所以仍需記得男生要順時針推進，而且記得本身的亥宮就要跳一次（這點要記得），然後棋子開始走，開始數子－丑－寅－卯－辰－巳－午－未－申－酉－戌－亥，然後停止定格。時的數法，有點特別是它不是用數字1、2、3、4……來數，而是要以專門稱時辰的表示法來唸。走到了「戌宮」是在小指的第三節，第四個字是「藝」，你答對了嗎？

Bingo！

　　於是我們得到英雄的前世今生的結果是「刃、厄、壽、藝」。我說過很簡單吧！現在就趕緊練習你自己還有你在乎的人的前世今生吧！

生日	前世今生	宮位代表	說明	達摩一掌經
根年	前第四世	父母宮	幼年期，1～16歲的童年行運。看家庭根基以及祖蔭福德；與父母相處及童年的狀態	刃
苗月	前第三世	事業宮 兄弟宮 朋友宮	青年期，16～32歲的青年期行運。主宰著事業的態度和企圖心與手足兄弟、朋友間的交往情形。	厄
花日	前第二世	夫妻宮	中年期，33～48歲的中年行運。主宰著中年的造化；也是夫妻間相處的情形。	壽
果時	前第一世	命宮	晚年及總論。48歲以後的晚景榮枯與行運。子女後嗣的對待情形。	藝

◎ 關係花園：人際緣分命盤

把家人或者重要人際關係的前世今生全部排出來，看你跟他們的緣分！一般而言，最怕是三毒——貪、瞋、癡的緣分。以命宮為優先看。

如果應用在職場工作上，同事之間、上司部屬之間的頻率越近的，越容易CLOSE。

姓名 一掌經				
父母宮（年）				
事業宮（月）				
夫妻宮（日）				
命宮　　（時）				

◎ 靈魂大覺悟：閱讀自己，了悟價值

　　我們來看看佛家六道與「達摩一掌經」之間代表的簡易個性與功課。

「佛道」：又稱居士道——「福」、「貴」

巳　蛇 文 【仙女】	午　馬 福 【佛道】【男居士】	未　羊 驛 【鬼道】	申　猴 孤 【人道】【出家人】
辰　龍 奸 【修羅道】			酉　雞 刃 【畜牲道】
卯　兔 破 【畜牲道】			戌　狗 藝 【修羅道】
寅　虎 權 【人道】【商人】	丑　牛 厄 【鬼道】	子　鼠 貴 【佛道】【女居士】	亥　豬 壽 【仙男】

　　很有意思的是，「福」是男生投胎的，所以，你可以試試看，你身邊如果有生肖屬馬的女生，由於是男生投胎，所以，個性上也會比較像男生。「貴」是女生投胎的，如果生肖是老

鼠的男生,一般你注意看,他們的行為舉止與氣質也多半帶有一些高貴的氣質,比較陰柔!(除非,「達摩一掌經」的其他世同時有較陽剛或較陰柔的輪迴印記)

由於過去世一直都在修行與佈施,所以這一世已累積很多的福報資糧,「福」在過去世是財佈施的大員外,所以,此生會出生在經濟狀況不錯的家庭。由於過去世一直專注在修身養性,所以會非常在意內在的涵養,對於入世的事務:帳單啦、家庭責任啦⋯⋯內在會感到那似乎不應該用全部的人生在汲汲營營的追求上,只為謀取更多的物質才對啊!

佛道「福」的人樂善好施,常給別人方便,在錢財上常會幫助別人,對別人都相當的好,不會與人爭奪身外之物,也非常的敬重父母。

由於靈魂記憶中仍記得修身養性所帶來的身心安頓,所以,現世的不適應性在於較無法符合主流價值所期待的角色責任,比如說:應該多賺點錢,換更大的房,為孩子、為家庭付出犧牲。不適生產是相對性的,所以,建議你們要有所行動,努力付出,要入世一點。

「仙道」：「文」、「壽」

巳 蛇 文 【仙女】	午 馬 福 【佛道】【男居士】	未 羊 驛 【鬼道】	申 猴 孤 【人道】【出家人】
辰 龍 奸 【修羅道】			酉 雞 刃 【畜牲道】
卯 兔 破 【畜牲道】			戌 狗 藝 【修羅道】
寅 虎 權 【人道】【商人】	丑 牛 厄 【鬼道】	子 鼠 貴 【佛道】【女居士】	亥 豬 壽 【仙男】

　　我們再來實驗一下！很有意思的是，由於「壽」是仙男投胎的，所以，你們可以觀察到，你身邊如果有生肖屬豬的女生，由於曾是男生投胎，所以，個性上會傾向比較像男生性格。而「文」是女生投胎的，如果生肖是蛇的男生，一般你仔細看看，他們的行為舉止與氣質真的是長得很秀氣，也很女性化，超愛跟女生在一起的，像是姊姊淘呢！（除非，「達摩一掌經」的其他世同時有較陽剛或較陰柔的輪迴印記）

仙道的人很享清閒，很愛雲遊四海，走訪川林山海間，神遊悟道，紅塵苦惱無邊，心中苦不堪言，悔不當年入嫁娶，不如修道唸經去。有很多「文」在夫妻宮的人，內心無法得到的情感，都寄託在唸經誦文中以得到短暫的撫慰與平靜。

你們生性浪漫唯美，但入世能力較弱，情感狀態也較不穩定；你們的內在渴求被愛，但是無法被滿足，浪漫唯美、不食人間煙火。

「人道」：「孤」、「權」

巳 蛇 文 【仙女】	午 馬 福 【佛道】【男居士】	未 羊 驛 【鬼道】	申 猴 孤 【人道】【出家人】
辰 龍 奸 【修羅道】			酉 雞 刃 【畜牲道】
卯 兔 破 【畜牲道】			戌 狗 藝 【修羅道】
寅 虎 權 【人道】【商人】	丑 牛 厄 【鬼道】	子 鼠 貴 【佛道】【女居士】	亥 豬 壽 【仙男】

人道的人個性溫良，可塑性也很高，敦親睦鄰，待人和善，通曉五倫與仁義道德，很能學習入世相處。很實際、務實，但是這兩者又是極端的不同：

「孤」：由於過去世曾是出家人，都是接受供養的，所以，細胞中沒有營生的記憶，而且一掌經中有帶「孤」的人，多半性格中也比較安靜，因為在過去世，修行靜地多在幽僻的深山裡，一年半載也少有訪客的，所以對於人際之間的相處氣氛，不善營造，因此，也會有不知如何與人相處的感受。然而，此生帶「孤」的靈魂功課，是要你們再回去承接家業。

我曾有一位朋友，相當優秀。台南一中畢業後，就讀台大電機，在大學社團時，因緣接觸了「佛學社」，彷彿前世就熟悉似的，竟深深地雋刻在他的心裡，於是，他的靈魂悄然歸位，死心塌地的！這引起了家族的不諒解，覺得苦心栽培了他二十年，大好前程自此擦身而過。服完兵役後，他並沒有全心投入就業市場，就一直隱身在道場，一邊修行，一邊幫幫道場的忙。去年，更耳聞他已經正式落髮入空門。所以，一般「一掌經」中帶「孤」的，此生也常有宗教信仰的緣分。

　　常常感覺到沒有人真正的瞭解他們、懂他們，而內心世界更形孤絕。

　　「權」：過去世曾是商人，數字觀念很好，但太過於務實了，充滿著理性，要防止人際中太過失去人性的一面。與「孤」剛好相反，太過務實了，這是你們要調整的。「權」有當老闆的潛力。我有一位帶「權」的朋友，我認識他已經快要二十年了，他一直是在公務單位中，飽受著福利照顧的人（更有18％的退休優存條件），但這二十年期間，他總是無時無刻嚷嚷著想做生意，想做大生意，想做很大很大的生意……。由於，一掌經中有帶「孤」也帶「權」，所以，雖然很想做生意，但又深深地懷有對社會的恐懼，害怕商海浮沈，所以，生意經高喊了大半輩子，既沒有做成他的生意春秋，也沒有滿意過他受保護的城堡。

「修羅道」：「奸」、「藝」

巳　蛇 文 【仙女】	午　馬 福 【佛道】【男居士】	未　羊 驛 【鬼道】	申　猴 孤 【人道】【出家人】
辰　龍 奸 【修羅道】			酉　雞 刃 【畜牲道】
卯　兔 破 【畜牲道】			戌　狗 藝 【修羅道】
寅　虎 權 【人道】【商人】	丑　牛 厄 【鬼道】	子　鼠 貴 【佛道】【女居士】	亥　豬 壽 【仙男】

　　維持正義，過於自我，此生要學習的是EQ管理。修「瞋」。

　　修羅道的人，個性暴戾，主張「人不犯我，我也不會去犯人」，否則惹了他們猶如猛虎出山，天不怕地不怕的人，心性極強，極自我的人。很能伸張正義的性格，是屬於將相悍兵的人才。

他們有違反常理的性格，超級的求異型，在金庸小說中的天龍八部有一個橋段，就是南海惡神他很喜歡段譽。一般都是徒弟來求師父教導技藝，但南海惡神他呢，是師父求徒弟都沒關係的。

易入禪宗，由於原靈不是出現在人間世（是深山或深海裡的精靈），故常遠離人群，變化無常，日遊虛空，暮歸水宿的特性。仗義直言，打抱不平，山海中的精靈，孤僻。但他們與出家人的「孤」在人際上的孤僻是不同的；出家人的「孤」因過去世未曾有與人相處的機會，不懂如何炒作氣氛，所以對人群有不知所措的焦慮感，以致在人群中，他們會傾向沈默、安靜並且話很少。但修羅道「奸」的孤僻性，是因為他們不屑人際關係中的繁文縟節，太拘泥了，禮數太多了，讓人心生厭煩！所以，不會在人群中待太久的。他們是來去自如的人。

「奸」：不喜歡受到拘束，也極不喜歡被管。口才佳，一般帶「奸」的人，若團體上有需要他時會出來說話；很直接，勇氣十足，完全不會管人家的感受。有很高的情緒，炒作氣氛的能力很強，可以帶領群眾的情緒到達高點，但當群眾開始往前衝時，他又不知該如何？三分鐘熱度，驟雨不終朝是對其最

佳的描述。如果別人眞的開始跟上時，還不知該怎麼辦才好！

「藝」：IQ高很聰明，才藝專精者。但脾氣不好。「奸」與「藝」都是要修「瞋」，學習「EQ」管理的靈魂功課。

「畜牲道」：「破」、「刃」

巳 蛇 文 〔仙女〕	午 馬 福 〔佛道〕〔男居士〕	未 羊 驛 〔鬼道〕	申 猴 孤 〔人道〕〔出家人〕
辰 龍 奸 〔修羅道〕			酉 雞 刃 〔畜牲道〕
卯 兔 破 〔畜牲道〕			戌 狗 藝 〔修羅道〕
寅 虎 權 〔人道〕〔商人〕	丑 牛 厄 〔鬼道〕	子 鼠 貴 〔佛道〕〔女居士〕	亥 豬 壽 〔仙男〕

沈溺感情，過於執著，要修觀念，以破除過於固執（癡）的習性。也要學習接受別人的意見，我執很重，固執觀念。一

般都無法聽進朋友的建議。所謂的「聽不懂人話」即是。所以你們可以觀察，那些帶「破」、「刃」的人，如果有天他們來向你求助或吐苦水時，真的聽聽就好了！（有沒有！有沒有！別說老師沒告訴你哦！）別太認真處理或者建議些什麼，因為沒有用的。他們的我執重得不得了，又聽不進別人的意見。（所以囉，你看著辦！）

孔子說：「可以言，而不與之言，謂之『失人』。（錯失了這個人）；不可以言，而與之言，謂之『失言』。（浪費，白說這些話）。」比如說：「破」、「刃」問你：「你覺得，我要不要分手？」對於他們而言，不是要不要分手，而是「破」、「刃」的你們到底想不想分手?!

畜牲道「刃」的人性格太過剛烈；而「刃」與「破」都是主觀固執，堅持己見，不聽別人勸告的，做任何事都是自做主張的，要小心與別人不調和而惹來是非。

「破」：是溫馴的草食動物，如兔子、綿羊類的，對於所面臨處境，常是無法掙脫開來。他們很認真地吃草，規律地吃每一餐，不會過度。防衛守成的特質；較不會往外跑；偏公

務；不會侵犯別人；屬於守著陽光守著你，「破」的人是前輩子欠人。

「刃」：具有攻擊性、主動的葷食動物。如同草原的虎、豹類動物。有很強的行動力，像tiger；外放的性格，會以壓迫的方法，愛得霸氣，希望按照「刃」的方法來愛他們，敢愛敢恨，如果另一半是沒有自我的人，會感受到「刃」的幸福；但是如果有很強的自我，那麼就會感到很痛苦了！

「破」、「刃」都是來修感情的功課。修「癡」、「執著」。戒癡，我執，對感情放不下，所以要學著放下感情。

「鬼道」：「厄」、「驛」

巳 蛇 文 【仙女】	午 馬 福 【佛道】【男居士】	未 羊 驛 【鬼道】	申 猴 孤 【人道】【出家人】
辰 龍 奸 【修羅道】			酉 雞 刃 【畜牲道】
卯 兔 破 【畜牲道】			戌 狗 藝 【修羅道】
寅 虎 權 【人道】【商人】	丑 牛 厄 【鬼道】	子 鼠 貴 【佛道】【女居士】	亥 豬 壽 【仙男】

　　聰明善辯，缺乏獨立，太過依賴，物質化的，會希望別人給他物質，比較依賴。貪情、貪錢、貪愛、貪被對待、喜歡他人的付出——所以要學習人格獨立以及主動去付出。鬼道的人要學習「戒貪」、學習付出、學習靜心，可以幫助專注，就比較不會受到驚嚇。「厄」的人要學習自主性，可常拜陰間守護神城隍爺。

　　鬼道的人心性靈巧，過去世有著受苦的靈魂，所以此生格外地想要清閒的生活，不喜歡管人也不想要被管，重視團體生

活所帶來的熱鬧，所以有討好的本質，為人很入世，喜歡人世間的物質，愛富有，但會將憂愁、苦悶放在心裡。

「厄」：易見陰間訪客，小時候個性很好，知足常樂、膽小，建議不要隨便出門或去喪家。睡覺時最好點個頭燈；由於過去世受苦太久了，所以來到人間時，凡事都感覺好好哦！好舒服哦！好幸福哦！一切都是那麼的好，那麼的美！所以只要來自鬼道的人，生存適應能力都很強，再怎麼惡裂的環境都可以生存的。

「厄」的人愛漂亮，喜歡逛街，甚至是沒有目的的和朋友們壓馬路，閒逛都很好，不想說太多的精神層面，因為過去式受苦太久了，靈魂只想休息。

我有一位親戚，學歷很高，是某知名大學的化學碩士，他有二世是帶「厄」的，他就曾告訴我說，從小他的哥哥、弟弟們都很喜歡閱讀課外書，而他總覺得課內書都讀不完了，還讀那些！而且，到現在他從沒想過要進去<u>金石堂</u>或者<u>誠品</u>書店。

但生存能力卻很強，愛漂亮，精神層面比較難。彷彿這一世他們的靈魂只想放鬆，只想休息呢！

「驛」：真正有靈媒體質，為地方神明分身；大家知道嗎？鬼道中的神其實還是算鬼的，只是他們是比較有福氣的

鬼。一般我們拜的<u>土地公</u>和<u>城隍爺</u>，祂們都還是鬼呢！不易專心，常會分心。心奔跑，人也就沒得定下來了。所以，看「驛」宮位，如果在事業宮，則為業務高手；如果在夫妻宮，則是會在婚嫁後，開始為家庭奔波，聚少離多呢！交通要小心，因為常會受到驚嚇。

◎「一掌經祕笈」：詳解父母宮、事業宮、夫妻宮、命宮等宮位

◯ 佛道：男居士「福」──佈施的善心大員外

非常的有福報，終生有貴人相助，願意付出，不會計較，但是是一位修行者，所以對入世的名利、成就都不積極。做過財佈施，累積很大的財資糧，所以，此生投胎的家庭經濟狀況都不錯，一生不愁吃穿。

「一掌經」中第一個是「福」的，也就是生肖「馬」，為男居士轉世（或者一掌經中「福」在其他宮位），所以，一般女生都會有點男性化，性格像男生或有點男人婆的氣質（除非還有其他諸如仙女道的氣質，才會融和到女性的特質）。至少不

會是小家碧玉型就是。

佛道「福」的人，生性溫良，總是相信所有人，不會去設防，但有時會被利用而受到傷害。對人很好心，或許不是馬上受到別人回報，但日積月累的陰德，總是能讓他們逢凶化吉，一生貴人相當多。是很有福報的人，這也來自他們自身所付出的，即使與人有所官非糾纏，最後帶來的也會是吉祥的運氣。心量大，自然有很多的福祿，一生中不須為三餐而煩惱。有很高的悟性，修道或者入俗世都能得到很多的福報，佛道「福」的人，一生都受人尊崇。這一世所享的福報，都可說是過去世曾受到他們幫助的人所做的回報。

父母宮：「福」在第一個字

「福」在任何一個宮位都很好，這輩子不會缺錢的。由於前世是大善人，做過財佈施，所以，不論在哪一個宮位，這一生都會寧靜，逢凶化吉，所以，「福」是最好的字。也因為曾佈施過財，所以，與父母結善緣，一出生就會出生於好家庭。至少，小時候家境都不錯呢！比如在古代，就會出生在有田地的家庭，因為有田就有飯吃，而現代就會出生在至少小康之

家。

孝順父母，與父母相處情形很好，性情也略顯憨厚。小時候，讀書常常事半功倍，比如常常準備六十分，但分數都很幸運地能得到八十分，也就是說，功課準備一點點，但成績都還不錯。

很有福報，一生都有別人的協助，貴人很多，為人在財方面也不善計較。

事業宮：「福」在第二個字

一生在外，都有貴人的協助。也就是說，過去世是佈施者，所以，可以隨時提款，適合做服務業、傳銷業，因為再次與眾生結緣，有如過去世曾受惠於他的人，此生可藉由他的職業回報給他。由於，過去世幫過很多人的忙，所以這一世可以提款，這麼說好了：上輩子有存很多資糧（錢）。

很有福報，在職場上容易受到提拔升官。沒什麼心眼、為人憨厚。由於天生好福報，事業也會很順利，但也因為事業順利賺錢，成果都很好，天生的福報太順了，所以，比較不積

極，沒有事業企圖心。要他們做什麼都可以，但不會很傑出。有時候可以承接到家業。

夫妻宮：「福」在第三個字，

「福」在夫妻宮對男女而言，截然不同：

對女性來說：都是來還債的，因為在過去世修行時，精神、心思放在感情上，沒有好好精進修行，情關沒過，執著、放不下這情感，但是靈性很高，那一世品德修行都沒問題，惟對感情執著放不下，沒承擔力，所以，這世再來修感情功課。如同阿信，家裡一切大小事，由她操勞付出。對女人來說，「福」居夫妻宮，來受苦難的較多。因為佛道來的，不會撒嬌，又比較男人（男居士投胎）特性，較不會體貼、撒嬌，不會經營兩性關係。個性不細膩、大而化之。

對男性來說，反而非常的好，會因妻而貴，財富與名聲都有，得到妻子的幫助。有機會娶到很不錯的富婆。富貴雙全得妻助。因為上輩子的福氣，得妻助，也由於得到太容易了，所以比較慵懶，而且不懂體貼。個性大而化之。

命宮：「福」在第四個字

「福」在事業宮、命宮都非常棒。而在父母宮，一出生就會在好家庭裡面，至少經濟是穩定的，不須為了三餐煩惱。為人熱心、大方、願意付出。前世做過佈施（金錢財務上），此生享有很大的福報。所以，為了延續這個福報，就是繼續捐款、送書……。福報在於，付出三分，可得六分（九分、十分都可能）。

為人性情憨厚，容易相信他人，別人怎麼說他們都會相信，不會有負面想法。因為上輩子的存款，此生像一部提款機，隨時都可以提款。是一掌經中最好的字。「福」要繼續地做財佈施（如捐款解囊助人……）；而「貴」是法佈施，在於口德的佈施。

佛道：女居士「貴」──春風化雨的清貴點燈人

佛道「貴」女居士比較偏向用嘴巴傳達，如同當一個老師，傳播一個好的觀念。「法佈施」在現今的意義就是說好話，給人希望，鼓勵別人，給人信心或者看了一些好的文章小品，就分享給其他人。所以，一言一行都會很有影響力；還有

散發出去的是一個善的磁場。靈魂素質高。非常的善解人意，心地善良。悟性最高，前世為修行者轉世，靈魂品質很高。面對人世間的種種逆境、考驗、折磨都有較高的轉化能量。非常的善解人意，心地善良。自主性強，有承擔力。

佛道「貴」的人，心性善良，因為靈魂素質高，總是能忍氣吞聲、包容別人，不跟別人計較。一生享有很高的名聲，評價非常高，有著高雅的氣質。志氣高，心量大，一生清貴受人尊崇。

父母宮：「貴」在第一個字

很有慈悲心也很乖巧，有人緣而且心地善良。小時候就很會讀書。「一掌經」的第一個是「貴」的，生肖是「老鼠」，為女居士轉世（或者一掌經中「貴」在其他宮位），所以，一般男生都會有一份成熟、高貴、有格調傾向女性化的氣質。至少不會是陽剛肌肉型男就是。

自小就很體貼父母，很清雅高貴而且外顯貴氣。但是一般心地善良，所以對於汲汲營營要工計的事務，大都不積極，也不會去追求太卓越的世俗成就。重視內在人格的涵養，所以不

會想要立那種功成名就、名利雙收的那種大志向。一般而言，書讀得不錯，悟性很好，所以，要儘量鼓勵他們一直往上讀，有公務員的特質，適合讀好書。職業上很適合當老師。

事業宮：「貴」在第二個字

你們在職場上、手足間、朋友群中是很有人緣的。而且，帶有些陰柔的女性特質，因為是女性轉世的。一生都有貴人來相助。適合以嘴巴來傳道的工作，一言一語都很有影響力，所以，特別要注意的是，當你與人群相處是要以嘴巴說些正面、鼓勵、積極、點燃別人生命的話語，來擴大對別人的正面幫助。

適合從事文教、清雅的工作，氣質上比較不落紅塵，出落高貴，但是缺點就是不夠積極，所以，不太適合從事sales的工作。

夫妻宮：「貴」在第三個字

對於女性而言，反而容易在婚姻生活中受苦，因為悟性很高，所以知道問題出在哪裡。但妳們會知道要如何包容，如何

愛對方，所以每當心中有所不平衡時，就不會表達出來，會試圖在自己的內在轉化掉，但有時會有逃避問題的傾向。

由於妳們在過去世受挫的婚姻中逃避不願做功課，而導致這世有不得不做的苦，而之所以會有逃避的現象，實在是因為悟性高，又覺得自己實在不應該跟對方計較。也因為不太願意面對現實，所以在婚姻生活中，因為心中會不平衡，所以受挫折的情勢很高。

對於男性而言，有斯文、柔性的特質，有陰柔的一面，體貼、溫柔。有一點是不太會風花雪月、甜言蜜語。「貴」在男生的婚姻宮反而比較好，由於過去世是修行人，所以一切都是平淡過日子。

命宮：「貴」在第四個字

靈修很高的特質，一言一行有影響力，鼓勵人多說好話，多讀好文，並且分享。過去世是修行者，出過家，本身悟性很高，所以很有慧根，很有智慧。性格中充滿慈悲心，心地很善良，有宗教的善緣，此生可以做「法佈施」。有著高貴的靈氣，所以很得人緣，終生都有貴人相助。但是在人際方面傾向

於君子之交淡如水。

淡薄名利，重名不重利，名聲高，一般有「貴」的人，在外都會有好名聲，或者很得人稱讚，但是沒有錢。像佛陀式的，名聲雖高，但比較沒錢。理想很高，自主性也很強，對人肯付出，有承擔力。

在借錢方面，佛道「貴」、鬼道「厄」的人第一次會借你錢，但是第二次你再向他借時，「貴」會開始說一些道理給你聽，比如說：「其實啊～賺錢並不容易，錢要省著花點，你這樣不對，要認真工作，你就是沒存錢下來，才會過不了關啊……」但是，鬼道「厄」的人，第一次借你錢之後，第二次還是會不自主地付出，繼續借錢給你，而且不會問青紅皂白。

適合從事文教類工作，過去世是修行的讀書人，所以要禮遇他們，偏知識性的。清高而且寡合，會自主性的付出。此生不太可能成為有錢人，名聲高，是一個知識分子、學者，依道理，此生追求名聲，所以不會重利。「福」要繼續的做財佈施（如捐款解囊助人……）；而「貴」是法佈施，在於口德的佈施。

仙道：仙女「文」──浪漫唯美的性靈飛天女

清靈的氣質，出落的有點不食人間煙火（如果「一掌經」裡有其他務實的輪迴商人「權」、旁生道的「刃」、「破」……就會不明顯，但你仍舊可以覺察出自己身上來自仙女道的那種潛入血液、隱入性靈的符咒），浪漫的有點不負責任，容易遇到什麼問題就閃的人，一如生命不可承受之輕。對於生活居家環境的舒適、整潔有強烈的需要到一種近似「潔癖」的性格。

電影「美夢成真」中，有不少對仙境的著墨，花草扶疏，步調悠閒，仙女道來的人，靈魂細胞中有著對仙境的強烈記憶，所以，來到人間，總覺得人間現世到處髒得不得了，像處在糞坑上一般，除非待在類似六星級飯店的環境裡才會感覺到像樣點。

仙道「文」的人很聰明，文學、美學的感受力很強，容易有高的造詣。一生官祿通達、文藝體現的能力很高，這一生帶來的靈魂、智慧都可以說是與生俱來，也就是過去世就有的天賦。文人雅士之流，但因天生情感的唯美，仙道來的男女都容易在精神上有著一份強烈的浪漫渴望。

　　一生在外，因其特殊吸引人的氣質，所以貴人運強。喜歡清閒遊山，一顆心總附在高高的雲端，但入世的命運總是不那麼順遂、如意，所以在情感上一旦無法有心靈交流，容易有刑剋產生。若能克服自己內心入世的不適應性，那麼剛開始或許心靈會很苦，但因為有吸引人的特質，最後所有的貴人助力都能讓仙道「文」的成就很高。

　　敏銳度很高，感性的，美學的感受性強，很貼心，有文學氣質，對於承擔有強烈的壓力感。男生「文」的人，長相斯文，很重感覺，喜歡談戀愛，心靈交流，重精神面的性靈。而女生「文」，在精神面上，是一生受苦者。能忍受、接受夫妻間不平等的待遇，但極可能會私底下各自發展，而維持表面的關係。

　　仙道來的「文」、「壽」，是從雲端下來的，靈魂素質都高。「文」是文曲星下凡，所以不管在哪一宮都會被喜歡。

父母宮：「文」在第一個字

　　男性「文」的人，外表很斯文，比較沒有男子氣概，愛哭，長得白白淨淨。很會讀書，考試也考得很好，很好教也很

受教，很得師長們的疼愛。

「文」的人，書讀得好，特別是一些還不錯的書。女性特質很強，很得女性的緣。從小小女朋友就不斷，而且小女生會追他們哦！「一掌經」中第一個是「文」的，也就是生肖「蛇」，爲仙女轉世（或者「一掌經」中「文」在其他宮位），這些男生們，氣質、舉止眞有點女性化。而且相處上容易與女生在一起。

女性「文」氣質柔美，很得人緣，有人疼，長得漂亮，而且靜得下來。書讀得好也很喜歡看書，重視靈性的陶冶，很會撒嬌，很有女人味，不論在哄一個宮位，才華洋溢。因爲喜歡被疼、被愛，喜歡這種感覺，唯獨感情上依賴性很重，與女性朋友相處較愉快，很愛哭。

事業宮：「文」在第二個字

由於此生爲女生投胎，所以男性的「文」很有異性緣，女性朋友居多，容易因過度濫情，小心要付遮羞費的，外遇機率也較高。因爲多數是別人追求的，所以被動性較強。

　　承擔力較弱，因為靈性修養高，可以看到問題所在，但解決的能力很弱，適合娶女強人型當老婆。職業上，適合文教性的工作，屬白面書生型的。穿越問題的能力弱，所以遇挫折的能力也弱。會依賴並且有點偷懶。

　　女性「文」，也很有異性緣，言行舉止充滿著女人味，有潔癖，很清高。適合文教性、上班族的工作。有點自命清高，與人群格格不入。也可從事精品店、服飾店、美容化粧類的工作。對工作環境很挑剔，喜歡在美好的環境裡工作。

　　容易有感情上的困擾，旁邊常有一群蜜蜂，有一大堆的困擾，很容易墜入情網，喜歡談戀愛。所以，婚外情的困擾也較多，即使已婚，還是非常吸引異性來追求她們，但大多是被動、被勾引的。男、女「文」的人，是研究學問的高手，如果將這個能量放在研究上將會很好。

　　男、女的「文」，對工作場所的環境都有所要求與期待，不能忍受髒亂的工作環境，對於那種要流很多汗，而使得身心感覺髒髒的，就足以讓他們身心不適，心情down到谷底了。仙道來的人，在事業宮上的苦，是那種如果當上班族，會感覺工

作很無趣；如果當sales，又會覺得好辛苦；像當公關、發言人之類的，總之就是不要太辛苦的工作。既不想當個無趣的上班族，也不想像業務那樣太辛苦，所以，要做服務業，不要太靠勞力謀生賺錢的那種，公關都行。「文」為最好的公關人才，要學務實，不要再浪漫了，不要再在雲端上面，想法要實際一點。

夫妻宮：「文」在第三個字

「文」的功課，就是不要在雲端，雖然是所有男士最喜歡追求的對象，但最好就是不要在夫妻宮。因為「文」在夫妻宮，將來是要做感情功課的。因為仙道下來的，都是在雲端，喜歡幻想、浪漫、追求愛的感覺，喜歡被愛的感覺。要做感情專一的功課，因為靈魂素質高，又是讀書人，所以會要求另一半要懂你哦！你們非常重感覺，仙道來的最重feeling，感覺不對，什麼都不對！感覺對，什麼都對！如果另一半的靈魂素質沒有辦法跟你一樣時，你會落落寡歡。你有點像被貶到人間的神仙一樣抑鬱。外遇機率很高，他們忘了要一步一腳印做功課，認真地做。

　　「文」最好不要在夫妻宮，因為你們知道你們的特質，由於你追求靈性成長，如果你的另一半是商人「權」，那就是他們要讓你知道，你要像他們一樣，懂得營生佈局，把家照顧好，做人世間的功課。所以，你的另一半常會帶給你功課。如果你不瞭解，那你就會不快樂，因為另一半從世俗的條件來看，明明就不錯啊！可是就是無法滿足與你做一個心靈上的成長和互動！

　　男性「文」，溫柔、體貼是完美的情人，很重感情。幻想、浪漫，追求愛與被愛的感覺，靈性素質高，會要求另一半要懂你。因為性格陰柔，所以較沒有魄力，沒有男人氣概，因為你們的細胞記憶並不是準備要來承擔的，而是要來享受的，有點瑣碎，格局不大。感情狀況較不定，外遇機率高，有雙妻格的傾向。

　　女性「文」，比較好命（因為世俗人間在夫妻的角色上，總對男人這個角色要求，期待比較多的，你們想想，一個仙女投胎來當男人，結果結婚之後，被要求要去照顧另一個女人，無盡的柴、米、油、鹽、醬、醋、茶，被無盡的帳單追著跑……怎不苦啊！），不落於紅塵，花瓶式的女人。不喜歡柴、

米、油、鹽、醬、醋、茶，因為此生細胞對這些都不熟悉，也沒準備要來承擔這些一點都不美好的事。不是要來做家事的，是要做少奶奶的，是要被寶貝的，捧在掌心。

所以「文」的女生要找願意為她付出的男人。命好壞決定她所嫁的男人。如果嫁給有錢人則好命一點。若嫁給沒錢人，則會很哀怨、孤清。一生被埋沒。但是不管怎樣，精神面永遠是受苦的。因為如果跟了一個沒有賺很多錢的先生，把妳照顧得很好，還要為帳單所煩，那註定要哀怨一生；可是如果是跟了一個有能力的老公，「文」會把自己打扮的很漂亮，但是仍然沒有辦法把家事做得很好，而且，精神上無法得到滿足，因為會期待老公除了要會營生賺錢外，更要有心靈的交流互動，要懂妳，不然就會感覺即使有錢，仍會嫌另一半粗鄙、俗氣。

愛幻想的性格，自己感覺的苦都是由自己創造出來的。所以，一般要跟「文」說說浪漫、唯美就對了！下次試試，如果對「文」的人一直談賺錢、做生意、事業，他們肯定興趣缺缺，並對你這個人只有一個感受──「俗不可耐」。

命宮：「文」在第四個字

　　文曲星下凡，男女都很愛漂亮，很有女人味，是所有男士很喜歡追求的對象。但男性傾向斯文、文思泉湧，文曲星下凡，是塊讀書的料。個性中充滿著浪漫、唯美。愛哭、軟弱，需要被捧，要被人疼愛。很愛幻想。性聰明，心細膩。

　　很重感情，較沒定性。男人「文」易有桃花、婚外情。男「文」的人周遭同事大多是女性。也較能忍受夫妻之間不平等待遇，默默忍受（旁生道的「破」是那種雖然也會忍受夫妻之間不平等待遇，但是會邊做邊嘮叨的人；鬼道「厄」是可以忍受不平等對待，但仍感知足，不會抱怨），但「文」會偷偷外遇，是那種不會馬上離婚的，特別是娶到了強勢或者不瞭解他的另一半。無法落實人世間的生活，對這些會覺得辛苦，不懂營生，不跟他們談賺錢，他們比較受不了。非常纖細，細膩，想很多，愛幻想。

仙道：仙男「壽」——瀟灑、翩翩卻愛八卦的形男

　　一般來自仙道的人「文」、「壽」都最懂生活享受，而且較怕壓力（旁生道「破」不易放鬆，不懂享受）。「文」、「壽」

最好從事公關性的工作，非勞力型工作。要修務實、沒承擔力、沒決心的功課。而「壽」與「文」有些不同，「壽」就是喜愛自由自在，很愛聊天，很愛八卦。

有男人婆的特質，個性大而化之，不拘小節，重精神領域的人，天生貼心，很重感情，浪漫，講情義。不宜勞力工作，適服務性輕巧的工作型態，悟性很高，因仙道來的，所以，略顯不積極，三分鐘熱度。感情容易有困頓，夫妻易有離婚或疏離現象。但如果「壽」有「破」的話，現實生活就可破解。

仙道「壽」的人，有仁義道德的心性，而且是一個善良的人。善解人意，在傾聽中就能對人有所理解，喜、怒、哀、樂都有自己的主張。很聰明也很有慧根，很有異性緣，也喜歡清閒過日子，但也常因八卦而惹上一些紛擾。為人中正不偏，在外人緣好，唯一美中不足的是刑剋感情。畢竟來自仙道的性格，相對於入世來說，妻女並不會滿意於這種不務實的性格。

父母宮：「壽」在第一個字

男生「壽」性格豪邁，不拘小節，很阿莎力。而女生「壽」較男人婆，與男朋友交往時，感覺像哥兒們，與男生相處自

在，會覺得女性朋友較瑣碎。男、女生的「壽」都很孝順，跟父母關係很好。也很貼心。非常重感情，感情很早熟。容易早婚，早生貴子，但也容易離婚。早年書唸得不好，悟性很高，是個很聰明的人，人際關係很好，阿莎力的個性，討厭人家囉嗦、不乾脆。

事業宮：「壽」在第二個字

對男性「壽」而言，個性大而化之。但因怕壓力，受不了制式化和一成不變，無法提升靈性。但做業務又承受不起，因為要面對業績壓力。所以「文」、「壽」從事公關類，不做勞力的活動。服務業（KTV、MTV、卡拉OK……）。為不落紅塵的仙子，所以服務業較適合，最好是那種說說話、自由自在的工作，討厭勞力，上班族打卡的工作。上班族會做得很痛苦，業務性工作也會感到痛苦不積極。為人不拘小節，很爽快的人。工作不定，隨遇而安型，會隨著自己性情而安，寧可口袋沒錢，也不隨便打工，所以也有務實的功課要面對。

對女生「壽」而言，個性也是大而化之，最好從事跟異性有關的工作，因為有跟男生相處的好緣分。警察、青年大隊、

政戰…等武職行業也適合。個性上較男人婆，在婚姻、感情上容易延擱。工作不定，隨遇而安型，較沒原則，會要跟隨自己的性情。當上班族會痛苦，從事業務性工作也會痛苦，對未來沒有長遠的計畫，所以容易一事無成，男女皆是。

夫妻宮：「壽」在第三個字

重另一半精神層面，有感性的需求，感覺飄虛，捉摸不定。男、女生的「壽」，都期待要有知心的另一半，重視精神層面的溝通，外遇機率最高，男女皆同。耐痛能力很差，怕痛，怕挫折，感情容易受挫，一旦有挫折、困頓時，就會跑開了，無法面對現實。感情依賴性強，是感情上最困頓的字，怕痛，怕挫折，自己沒辦法過關，男女皆是，因為感覺到婚姻的庸俗（自己的想法），為了養家餬口，要工作，要上班，為了孩子的教育，要互動，無法務實人間功課，可是如果不結婚，沒有愛情又活不了，又想談戀愛。怕寂寞、孤獨，但有選擇性。不喜歡被人管，不能落實婚姻生活。

浪漫、唯美，很適合當情人，不適合當婚姻配偶。但沒辦法，不結婚又想談戀愛。做事不積極，很隨性。離婚率高，但

是離婚談了一百次，還是又在一起，下不了決定，沒有承擔力，因為是仙道來的。像感情上的孤魂野鬼。

命宮：「壽」在第四個字

為人很重感情，又沒錢，有唯美、浪漫的情懷，做人講情義。早婚要小心，容易離婚。很容易有感情困擾。做事常有頭無尾，沒有耐性。壽命很長，很有韌性。簡而言之，「文」、「壽」這輩子不容易有錢，要重理財功課。無法認真務實地去上班賺錢，最痛苦的地方，卡在這裡。回不去，又無法過人間的生活，上不去也下不去，一生容易抑鬱寡歡。

容易有生殖器的毛病。女人是子宮、卵巢。男人是攝護腺問題。熱情度有餘，但持續力不足。由於過去世是男人轉世，個性就像男人。女生比較偏向男性化、男人婆。男生很有氣概，是男人中的男人，有氣度。

男、女的「壽」，離婚率皆高。旁生道的「刃」、仙男道的「壽」均是性需求強。但旁生道的「刃」是屬生理肉體上的，而仙男道的「壽」則屬心靈的情感性。

� 人道：出家人「孤」——人群中的獨孤隱人

「孤」是出家人轉世。但出家人有兩種，一種是發大願的出家人，爲救渡眾生的。第二種出家人則是遁世型，就是逃避的出家人，那麼這一生一定窮。

在政治上常見的首腦人物，過去世必是大修行者，才享有如梁武帝般的人間福德。但是，這一世要做的魔考，就是他們帶了很多的財富來，能不能過得了關，所謂的「財關」，便是人的「錢」與「情」的糾葛。

出家人「孤」的人，容易六親緣淡，雖有父母，仍是屬家庭緣分淡薄的命格。男生逢「孤」，個性上會有點孤僻，但社會上較容許男人有鮮明的個性與空間，但女人逢「孤」，在感情上就會有點吃虧，會因不善營造情感方面的滋潤，所以在情緒上會有刑剋的可能。性子算是剛強而且悶的脾氣，情緒會卡在自己內心裡面而受傷。一生中總覺得沒有一個人瞭解她，眼裡向外看到的社會，因爲對自我的要求也是比較嚴的，所以批判會比較多，但又沒有能力可以改變這些。一生恨天、恨地、恨所有的時運不濟，時不我予。因爲內在能量沒有和諧，所以

與周遭關係也不會太融洽，以致更形孤獨。

「孤」是出家人，這一世來佈施、歷練的。由於過去世曾拋開所有一切：如家庭、事業，此生再回來時，比較顛沛流離一點，能瞭解這一點，就比較不會怨了，容易想不開，遁入空門，拋開一切，然而這一切都是要償還的。

「孤」在任何一柱都有精神潔癖，生命單純，能量場俱足。此生也要做「法佈施」。

父母宮：「孤」在第一個字

「孤」的人，早年跟父母親的關係較淡。面對「孤」的人，要禮遇他，主動對他們一點，主動分享、溝通、聊天，要慢慢的把他帶回人間。童年時期較孤僻、內斂、封閉的傾向，話不多。一般家長都不知道他在想什麼。「孤」的人不知道要如何與人互動，因為過去世都在深山裡一個人苦修而已，每天都是一個人，也沒有很多朋友，也因為佛家人不打誑語、妄語，所以話就少了。

較沒話說。要帶他出來，走出他的內心世界，鼓勵他多說

話，和他多聊天，讓他勇敢的表達。「孤」的功課，就是回到人間務實去做，做你最害怕的功課，「孤」要勇敢走出來。

對父母不會反抗，會結面槍（台語），只有一號表情，沉默寡言。但幼年的悟性高，是出家人，唸了很多書，靈魂素質好。書唸得並不好，特別是數學不好、中文好，領悟高看得懂，由於過去世是唸佛書，不是念傳統的書，所以現世書（財經企管）讀不好。

事業宮：「孤」在第二個字

「孤」對金錢有更深的自卑感。因為想到賺錢又賺不了錢，因為他們過去世沒有賺錢的經驗，又不敢賺太狠的錢，所以，要學勇敢、務實。「孤」要賺大錢都有點虧欠，要學會服務，為別人解決困惑，可以還些債（因為過去世的出家，未曾為自己的一餐一頓張羅過，都是別人供養的，但因自己的緣故，沒有精進脫離輪迴，又愧對於這些人）。做事容易事倍功半。

不喜歡與人相處，常獨來獨往，是個老實、守成的人。一般上班族比較好。較沒有企圖心（除非有其他的商人「權」、

勢力鬼「驛」、旁生道「刃」）。因為過去世都是一個人，已經習慣跟自己相處，所以，缺乏對人的熱情，較沒有好人緣。做事盡忠職守，一板一眼，墨守成規，較沒有創造力。一般適合公務人員的有旁生道「破」、出家人「孤」、佛道女居士「貴」。要學習法佈施。

夫妻宮：「孤」在第三個字

對女生「孤」而言，是不會撒嬌的，但持家有方，因為出家人每天都在灑掃，而且不說話的。夫妻魚水之歡時，也較放不開，因為都是她不熟悉的，容易不解風情，因太無趣、太無聊而有被拋棄之虞（除非另一半也是「孤」）。

我就有一個女學生，一掌經的第二個字事業宮在「壽」，第三個字夫妻宮在「孤」：在外跟她的姐妹淘們超有八卦話聊的，而且還挺起勁的，可是一回到家時，就是出家人的「孤」，回到家一句話都不想說，自然像是關了機的喇叭，互動起來，「孤」的她總是意興闌珊，有一搭沒一搭的，更對親密的魚水之歡興趣缺缺，這樣反差，總讓另一半為之氣結，莫可奈何呢！

千萬別想要跟「孤」的人比ㄍㄧㄥ哦！他們是有話不說、會生悶氣，而且可以生很久的氣的，冷戰也可以持續很久的。

男生的「孤」，是好好先生型的，不會經營兩性之間的感情，容易令人感到乏味無趣。但是，他們是最好的老公（世俗眼光來看），薪水都會給妳。可以放一百二十個心，不會有外遇，因為怕花錢（小氣得不得了）也怕染病（孤並不是沒有綺想）。

「孤」的防衛系統強，有冷漠的距離感，因為過去世在寺廟裡待太久了，沒跟人接觸（旁生道的「破」是怕你侵犯他的領域，是真正的怕人群，但「孤」是不習慣與別人相處而顯得待人冷漠）。老實人，生活較沒有創意，生活也很嚴謹。出家人「孤」在碰到感情外遇時，因為愛面子，會以冷戰、睡北字型但不會離婚來對待。

命宮：「孤」在第四個字

「孤」有很深的自卑感，實因他離開人群太久了，所以回到人間時，有點惶恐不安，不知如何與人群相處，害怕人群，也害怕團體生活。這一世要來佈施的，重回來做功課，但一生

容易顛沛流離。以後，遇到帶「孤」的人，禮敬他們一下，因為他們是不得已的，他們也想入聖人之流，上羅漢果位，更升佛道啊！只是能力不足，又掉下來。「孤」的人，這一世要回饋、要佈施。

「孤」的人這一世修心理學、哲學、宗教都很有領悟。

「孤」的人行動力較弱，說的多做的少。面前有提到過一個朋友，即「一掌經」的第一個字父母宮商人的「權」，而第二個字事業宮就是「孤」了，所以，他一邊擁有公務福利的照顧坐拿高薪，但一生快年屆五十了，仍然口中在唸著他的企業春秋大夢（「權」），從來也沒見過他起而行（「孤」）。

運勢較不好，因為在累世累劫修行中，在寺中修行，接受人家供養，是要讓你專心修行的，當你把錢或資糧拿走時，就要來還債了。不喜歡與人相處，孤獨命的傾向。也不善表達，有話不說，要學習分享、溝通，情緒很容易卡住在心中。理想性高，但自己也做不到，對別人要求高，完美主義，但一輩子不易有錢。

「孤」出家人過去世沒有婚姻生活，不懂得營生，不懂得

為自己的一餐半頓努力付出過。以前的出家人，去拖缽接受民間百姓的供養，那一世沒有為自己努力去營生。沒有婚姻，沒有兒女，沒有為自己努力，所以，此生回地球來時，要學習務實，比一般人辛苦些，窮其一生，沒有豐盈的金錢，沒有婚姻、事業格局，與另一半沒有很好的互動、溝通，因為他的內心世界是封閉的，但郤安定。

批判性強，看不慣人世間不道德的行為，但也無能為力去救！大體而言較被動。容易一輩子沒錢的原因是過去世沒有賺錢的經驗，又不敢賺狠錢。有點孤芳自賞的傾向，總覺得沒人懂他們。

在情緒方面：「孤」的人情緒會卡住，不願表達出來。修羅「奸」、「藝」的人，性情和情緒都易怒、易爆發。而旁生道的「刃」是因感情追求佔有、擁有而痛苦。而旁生道的「破」則是「算了！不幸也不敢改變」。

◎ 人道：生意人「權」——人生戰場，見我運籌帷幄

　　介在人與神鬼之間，所以可塑性高。「權」是標準的生意人、商人，數字能力很強，頭腦很SMART，經商細胞活躍，一向懂得佈局，更善謀略。

　　「權」有一個特色，喜歡賺錢，有生意人的頭腦，有企業家的氣度。「權」最好不要放在女生的夫妻宮（第三個字），她會賺很多錢將家安置好、佈置好，以人間道的角度來看，是很務實。只是不要每一分、每一毫太計較，算得太清楚，會把福報算掉的，含糊一點。「權」的人，要做財佈施（出家人「孤」也要佈施，因為以前接受別人照顧，所以此生也要回饋佈施，過去世是被動接受，此生要主動回報，積極、主動是功課）。是賺錢的經營家。「權」是唯一表裡如一的人，他們「說」會等於「做」。

　　商人道的「權」，一生食祿不缺，為人也是實事求是的務實人。志氣不凡，矢志要功成名就，主宰富貴榮華；做人公道，處事方正，事業大氣處處可見。做起事來心性靈巧，出言總是顯得尊貴，重視信用與名譽。最懂得和氣生財之道，但又

可以清楚對方葫蘆裡賣的是什麼藥，商場中的那種笑裡藏刀卻又能全身而退、成就滿貫的正是「權」的天賦本事。

父母宮：「權」在第一個字

從小很有主見，不喜歡被管，不要別人一直叮嚀，目標很明確的人。也比較不會與父母發生口頭上的爭論。早年做事是先斬後奏型的，處理事情起來，也是明確度清晰。年少時期就容易嶄露頭角，有所成就，會因創業而發財。凡事不喜歡訴諸於口語表達，是個十足具有行動力的人。

事業宮：「權」在第二個字

這輩子不會窮到什麼程度，不須爲錢傷腦筋，也不會爲權所困，是在事業宮、兄弟宮最好的字。就算這一生沒有大企業，也會是衣食無虞的。

是主管的命格，愛管人，會很想當老闆。其實，「權」在命宮與事業宮都好，一般在父母宮影響不大（因爲在童年，代表小時候數學頭腦好，數字反應快），最好不要在夫妻宮。

愛掌權，主觀意識很強烈。適合從事政治、商場、有謀略

可以創造財富者。做事很有方法，有步驟所以很有效率，容易成為成功的人士。由於是經商的人，所以朋友也大都是商場上的往來，有利害關係，以致社交就侷限了。

夫妻宮：「權」在第三個字

女生「權」的人，妻管嚴，會管另一半的。而且家裡大大小小的事情，都需要經由她同意做主（因為本來是企業家、商人）。掌理家庭井然有序，有幫夫運，讓家人無後顧之憂，可以說是很能幹的女人。

是理財高手，也愛藏私房錢，錢讓她管，會越理越多。也容易教養出得體的孩子，但因此孩子們會比較沒有自我，這一點要稍微注意！為人處事一板一眼，嚴謹待人。

而男生「權」，反而會管老婆，可是個道地的大男人哦！很挑剔另一半，不禁讓人懷疑是不是與敵人共枕呢！在性格上比較瑣碎，為人格局不大，因為都把能量放在感情的計較上了。會希望太太臣服在他的掌控之下，存款簿、房地產等資產會登記在自己名下，男女皆同。是那種只准州官放火，不許百姓點燈的性格。很重形而下的物質，就人間道而言，是很務

實。

「權」不管在哪一個宮位，都很會記仇，都會放在心中，不是那種衝動型的。

「權」是個商人，最懂得經營，是極其富有的生活著，像希臘左巴式的富有。很懂得策畫，有謀略，有企業家的氣度，有生意人生財賺錢的細胞。頭腦、數字觀念清楚，善於佈局，謀略，很喜歡賺錢，也有很強的賺錢能量。但是有時會斤斤計較，很有成本概念。

自制力很好，是那種君子報仇三年不晚型的。不容易推心置腹，生存能力很強又很有持續力，適合從商、從政，也很適合中、小型老闆，自己創業。決策、做事時很冷靜，有權謀，能累積財富。很喜歡佈置家居環境，重視家庭生活，喜歡用錢堆積家庭，往往購買的家具及使用的建材都是最好的、最貴的、最體面的。最富麗堂皇的，但是居家華麗主義並不等於美學、品味與格調哦！

✿ 修羅道：「奸」——山海中的精靈，別管我來去何方！

修羅道的特質，以<u>水滸傳</u>小說中所描寫的人物最活靈活現，要深入瞭解修羅道的個性，讀這些小說就對了！

他們生性特立獨行，各有各自的見解，不守禮法，各懷絕技，武功高強，相當有才華，但都不聽話。不成形體的族群，沒有特定的形象，深海海怪，深山精靈，喜歡在山海裡，討厭人群，常看不到他們。江湖人間有事時，也喜歡管管事。超級求異型的性格，是遠離人群的，若有需要時，會出來說話，但很直接，勇氣十足，完全不管人家的感受。個性剛強，生性挑剔，行俠仗義，好打抱不平，福報很大，一生的功課是要修口德、性情。脾氣很不好，會有瞬間爆發的脾氣。有時會斤斤計較，很有成本概念。對於人群的觀感「孤」與「奸」有所不同；出家人「孤」，是因為守戒律，脫離人群很久，有一種距離的陌生感而對相處所不適應。但修羅道的「奸」、「藝」，則是受不了人間禮法，感到厭煩，而想逃離人群。

「奸」是語言上的，而「藝」是才華、才藝，不理人間事事。所以，全家人的人際緣分都落入「奸」時，可謂不得安

寧，搶話啦，可熱鬧得很呢！

我有一位學生告話我，他們全家都有「奸」、「藝」，所以，他的女朋友（這位女朋友不是女居士的「貴」，就是仙女道的「文」）到了他家，簡直是無可招架，更難以忍受每個人說起話來沒大沒小的吵成一堆，說話直接，完全不在乎別人觀感，也不怕傷到別人的心，真的是痛苦到極點！修羅道「奸」的人最不容易交往，時正時邪，有正義感也有無飾的口業。對別人而言，「奸」算是很自我的人。

有很高的情緒，炒作氣氛的能力很強，可以帶領群眾的情緒到最高點，但當群眾開始往前衝時，他又不知該如何！三分鐘熱度，驟雨不終朝是對其最佳的描述。當別人開始跟上時，還不知該怎麼辦才好！出家人的「孤」，情緒會卡住，不願表達出來，悶在心裡。修羅道的「奸」、「藝」是瞬間爆發的情緒。旁生道的「刃」是因追逐感情的佔有、擁有而痛苦。而旁生道的「破」則是：算了！就算不幸也不敢改變。

父母宮：「奸」在第一個字

「奸」的反叛性很強、主觀意識很重。早期會被視爲問題兒童，較不守規矩。非常聰明，書不見得唸得好。爲人很重感情及義氣，很喜歡談戀愛。早期可以用打的教育，因爲他們的生命力強，自主性也很強，但相對的可塑性就會很低。是任我行、超級求異型的人種，EQ很差，所以，將來的成就不是大好就是大壞。一般出家人「孤」是有德行的修行，而仙女道「文」是以文曲、文采來呈現的。

事業宮：「奸」在第二個字

「奸」的人反叛性很強，主觀性強，進入青春期是很難管教，會被視爲叛逆的少年，不守禮教、規矩。但是「奸」的人相當聰明，工作上的定性不夠，會常換工作。

與朋友相處相當重感情，看用情多少而來決定可罵或不可罵。任我行，超級求異型，多學少成，想的多做的少。EQ很差，情緒掌握力不好，將來的成就不是大好就是大壞。很有創意，點子多，適合廣告企畫，靠口才吃飯，凡教師、講師、廣播、業務行業都行，不適任上班族，對那些規範會受不了。

夫妻宮：「奸」在第三個字

「奸」的人是完美主義者，每件事都要求盡如人意，挑毛病的習氣很重。負責指揮家裡大小事，要由他或她決定，而且要視其情緒上的掌控。衝突性大，會吵架，喜歡大聲溝通，EQ很差，情緒掌握力不好，但情緒來的快去的也快，情緒五分鐘就過了，這是優點，但不記取教訓，不記仇，這就是缺點了。情緒來的快去的快，大聲溝通會造成災難，另一半會受不了。夫妻之中，如果有人外遇，會吵完架後一腳把對方踢開（除非有其他的「破」、「厄」），「奸」的人是無法忍受另一半有外遇的。

出家人「孤」在碰到感情外遇時，因為愛面子，會以冷戰、睡北字型但不會離婚來對待。

命宮：「奸」第四個字

「奸」的人反應快，很聰明。但是脾氣非常非常的大，來的快去的也快，刀子口豆腐心，一句話就能把你給氣得半死。說起話來也是尖酸刻薄，很直接，不會記仇的人，但也是不吐不快的人（出家人「孤」是會記你一輩子）。

　　不守規矩，超級求異型的性格。爲人好打抱不平，常常得罪了人又不自知。口才相當好，但情緒很不穩定，相當執著。語言表達能力很豐富，是那種愛說故事，容易話停不了，從頭到尾幾乎都停不下；孩子有帶「奸」的，可培養成廣播人才。愛編故事，但堅持性較弱。不吃虧也不會想佔人便宜。

　　主觀意識很強，個性更強。適合當業務、老師、廣播、電視、公關等靠口才表達的工作。思辨能力相當強，反應能力很快。不信邪，他們不相信命理五術，但卻有五術高手的潛力。性格不願服輸，不要跟他們賭，他們是那種有酒膽但沒有酒量的人，爲了面子，斷頭都可以的。

　　修羅道的特質是管對方、挑剔、壓抑。女人「奸」的，最好不要跟公婆住一起，因爲自我意識、主觀意識都強，又愛挑剔，喜歡別人聽她的話，霸氣，希望別人配合她。羞辱人一向很直接。是領導人物。會起鬨，但不是有領導力的那型，比如說：當別人受到「奸」很高的情緒鼓動後，開始往前衝，這時「奸」又不知該如何是好？有高昂的情緒，但三分鐘熱度，驟雨不終朝。反而當別人跟上時，還不知怎麼辦才好！　協調度不夠，像當別人的和事佬，當事人都已經和好了，但「奸」還

是會堅持當時是你們來告訴我，你們的情況有多麼的不好，是「裝肖仔哦！」。

 修羅道：「藝」──藝高八斗、絕頂辯才的輕慢人

修羅道「藝」的人，有很好的才能，若能培養一個專業技能，都會相當出色，是匠心獨具的專業人士。學習技藝有很高的領悟力，算是聰明的高智商者。為人伶俐，很勤勞的人，做人公正、公平，即使位處高位也不會有私心，是很自我的人，若心中懷有計謀，就容易站不住腳而最後自食其果。很有個性，也很清高。但容易因技能高超，做事令老闆滿意而受到排擠，學習事務很快，智力過人，最好是當soho族或者獨立部門作業的專業人士。

父母宮：「藝」在第一個字

幼年很有才華。主觀意識強，能力也很強。書讀得好。有藝術天分，適合從事技術的技藝，如書法、音樂、舞蹈、電腦。性格很執著，很剛強，硬裡子。

不喜歡溝通，是那種你說你的，我做我的。相當自我、主

123

觀的人，我行我素。在與父母相處時，若父母嘮叨他們或者唸他們時，也會有瞬間爆發的怒氣。

事業宮：「藝」在第二個字

「藝」可以從事專業性的工作，偏向理工方面的職業。由於修羅道的個性不喜歡人的那一套繁文縟節，所以，不耐煩處理人際關係，因此，工作較屬於個人工作室soho族或者獨立作業，不要team work，否則會覺得總要配合別人的做事進度、方法，這足以讓他們火冒三丈。

有令人羨慕的工作，常常工作有成，也可以看得到具體的結果。工作呈現外在穩定狀態，但內在其實是充滿著不穩定性的。有藝術家隨性的性格。愛怎樣就怎樣。

夫妻宮：「藝」在第三個字

「藝」的人，會希望甚至要求配偶要很有才華。所嫁或所娶的對象，也都要是有能力的人。感情上，是心甘情願與對方結髮一輩子。修羅道「奸」、「藝」的人，常常發脾氣，EQ很不好，常常是莫名其妙，令對方摸不著頭緒。如果婚姻沒找對

對象，那麼無可避免的，爭執性很強。

對生活細節的需求，有如與敵人共枕，挑剔到無以復加。未來佔「奸」、「藝」的人離婚率會提升，因自主性相當強（除非命局中有其他的旁生道「破」、「刃」，以及鬼道的「厄」）。

命宮：「藝」在第四個字

「藝」的人，反應相當快，IQ很聰明。思緒敏銳。一般來說都有特殊才能。IQ非常高，頭腦都很清楚。為人相當固執，不容易被說服。主觀意識相當強。宜培養一項專長。為人恃才傲物、驕傲自負，與「奸」比較起來，較不傷人，比「奸」溫和許多。人際關係溝通的能力是弱的。有著藝術家我行我素、自我的個性。

畜牲道：旁生道「破」──守著陽光守著你！

草食性的動物，「破」如綿羊、兔子、斑馬，他們不會去吃別人的，也不希望別人來侵犯牠。而且牠們有一個特色，在大草原裡，這些弱勢的草食動物為了守衛以及隨時要逃命，隨時都在警備狀態，準備要跑的，所以都是站著睡覺的。因此，「破」的個性裡，有著守成，防衛，不希望別人來侵犯他的領域。

非常執著感情，大部分是來還債的。如果你的朋友中有「破」的，不用勸他們做決定，因為他們是來還債的，要還完，靈魂才有辦法平衡過來。

旁生道的「破」因勤勞守成，所以人間富貴會有的。較沒有兄弟、親朋的助力，要靠自己堅硬的性格打拼而來。

「破」是綿羊、兔子，牠們順著圈吃草過日子，守成、愛家、顧家、穩定、一成不變、執著、有潔癖的特質。是屬於還債型的，會碎碎唸，很認命，防禦性很強，能忍受夫妻間不平等的待遇。

　　佛教輪迴裡談到三毒：貪、瞋、癡。而旁生道的「破」「刃」是在感情上相當相當執著的，勸都勸不醒的。在我們接下來所談到的旁生道「破」及「刃」，在諮詢關係裡，有些人是不用勸的，這點由「達摩一掌經」就可以判別，這些話要不要說，先確定對方真正的意圖如何，而不是一股腦兒的給建議。孔子有句話：「可以言，而不與之言，謂之失人；不可以言，而與之言，謂之失言。」「失人」的意思是錯失了這個人；「失言」的意思是浪費了、白說這些話。例如：以後有朋友們來請教你的看法，「你看我要不要換工作？要不要分手啊？」如果他們「一掌經」掐出來後，有「破」、「刃」的，那麼你就要反問他們：「那你想不想真的分手呢？」

　　給「破」的人一些建議，由於你們不容易放鬆，所以要常常到郊外去走一走，脫下鞋，腳要踩在泥土上，跟大地連結，才能釋放些內在的緊繃。或者學跳舞，亂跳都行，洗洗溫泉，按摩、推拿，SPA精油指壓，讓自己放鬆也行，總之，就是要將內在積壓的能量釋放出來。

　　旁生道的「破」和「刃」的相異之處，代表的圖騰為「破」是兔子、綿羊，而「刃」是虎、豹。性格中「破」是守成、保

守、防衛、小心翼翼、慢的，適合上班族。而「刃」性格是開
創、主動、積極、霸氣、專注、動作急，適合自創事業當老
闆。

出家人「孤」的情緒會卡住；修羅道的「奸」、「藝」是
有瞬間爆發的脾氣與情緒。而旁生道的「刃」則是在感情上追
逐佔有、擁有而強烈痛苦。旁生道的「破」是算了，就算不幸
也不敢改變。

父母宮：「破」在第一個字

個性保守，較沒勇氣及膽識去決定一件事。防衛系統較
強，早年較沒自信。不容易跟很多人做朋友（仙男道「壽」的
人則比較自願，是心甘情願型）。要來還父母債的，所以比較
孝順，但是「破」的人是屬於義務型的孝順，並非這麼甘願，
有些不得不的感受。

比如，我有個學生，一掌經的父母宮是「破」，他有三個
兄弟，但是剛好其他哥哥長年旅居海外，自然的照顧父母親的
責任就落在他的肩膀上了。

另一個學生的情形是，他也有四兄弟，其中的兄長有的較沒責任感，有的很自我，但是若要他跟他的兄長們一樣的作法，他總覺得無法這麼對待自己的父母，於是，責任就全在他身上了。

另一個學生的情形，剛好其他的兄長們經濟負擔很重，收入也不高，而他的狀況又是所有手足中最好的，於是父母的需要總是會向他索求。所以，「破」的付出與擔待中，總有些「不得不」的感嘆，因此有時候會一邊付出一邊嘮叨，但又無法放下責任的。

因為能夠定得下來，所以書可以讀得好。幼年性格表現是乖乖牌。

事業宮：「破」在第二個字

適合當上班族，你可以看看周圍的朋友們事業宮有「破」的人，大部份一分工作都從事很久，而且也是會一邊做一邊抱怨，但多年下來，他們還是在那個崗位上。不過，他們抱怨與感慨的理由，也的確是千真萬確的。我就有一位學生，付出的心思與時間相當相當多，但是薪資、獎金也遠遠落後同業的行

情。當你聽到事業宮「破」的朋友的抱怨時，其實他們所提的事情的確是受到不合理的對待，但是當你建議他「那就跟其他人一樣混一點啊」、「離職啊」等，他們會做不來，也無法做決定離開，於是，你就可以理解到他們將會一邊繼續付出一邊繼續抱怨、發牢騷，然後繼續待在這個位子上。

「破」的人因為沒有膽識與勇氣去冒險，所以較沒有開創性。你們做事是認真的，也常會因為太保守，常常錯失生命中每次叩門的機會。那種呆板、守成、守本分的態度，是適合當公教人員或上班族。過著一成不變的過日子。

夫妻宮：「破」在第三個字

一般夫妻宮為「破」的人，婚姻生活肯定是不會太好的，因為太苦了，要付出大的代價，因為在過去世裡你們也是帶給別人這種感覺的，所以這一生「破」的人是來付出的，而不是來享受愛的，不是來過被愛的生活，而是感情方面的還債型的。但是你們會還的心不甘情不願，很愛發牢騷，也常會碎碎念。

宇宙有一個「業力法則」，又叫「平衡法則」。我們曾經在

累世累劫中帶給別人很強烈的感覺，那麼下次靈魂一定會把這個感覺平衡過來的。所以，記得以後在感情中或者戀愛時，當你移情別戀去愛別人的時候，不要去造成別人強烈恨你、怨你的感覺或者當你的伴侶愛別人時，也要拒絕對方的事件造成你對他的強烈恨意。因為，靈魂在輪迴中，會有強烈地要去平衡的動力。比如，前世在感情中，你曾拋棄過對方，而造成對方靈魂強烈的撕裂與劇痛，那麼這個靈魂會在往後的輪迴裡熱切地找尋你，它強烈的記得要去平衡這個感受。再如，今世若你的感情遭受到這個情變，也請你千萬記得要避免自己的情緒被捲入這個漩渦中，以致你的靈魂也深感「受到虧欠」，而在將來繼續的在輪迴中平衡。只要有智慧，有時候業力在當下就可以還了。

所以「破」的人，若這世裡感受到功課的存在，要知道過去世中你也曾是如此對待別人的，所以靈魂會強烈的感到要平衡過來，就是我們俗稱的「還債」。

此時你的智慧開啟是相當重要的，因為在這一世的婚姻中，這些靈魂業力平衡的功課正在進行時，「破」的人會感到相當的苦，若你的智慧駑頓未開，而心起怨恨，代表你的靈魂

又會記起以後你也要去平衡、去要債，那麼輪迴就此繼續接棒，生生世世在情海中浮沈。所以，你是要當下「頓悟」或者用兩百世或三百世來「漸修」呢？

「破」的人，較容易被拋棄，為糟糠之妻型。生活型態較沒有創意，呈現出很呆滯、了無生氣的樣子。雖然是好妻子、好媽媽，但在婚姻中會沒有自我。愛乾淨、有潔癖，是愛家型的配偶。

防衛系統很強。即使事業方面表現不錯，但在婚姻生活方面，會比較沒有自信，因為「破」這是累世累劫留下來的密碼與軌跡。要來償還感情債，但是放不下，對感情也是相當執著的。「破」與「刃」都是感情非常執著的。

命宮：「破」在第四個字

由於過去世是吃素的動物，所以，個性溫和較沒侵犯性，但是防衛性很強，很難說出心裡話。如果你有「破」的朋友，去他家之前，你最好先打電話，千萬不要突然告訴他們說：「我在你家附近，我去找你。」這類的話，因為這代表你突然的侵犯到他們的領域了，會帶給他們不安的感受。不容易交朋

友，但慢慢的、循序漸進地，一交上就會是死心塌地的。

　　個性很保守，適合當上班族，公務人員。不是開創型的業務人員。願意付出，默默付出，可以成為很好的朋友。很顧家，喜歡安定。善於保護自己，拘泥小節。容易被驚醒，不喜歡被打擾。需要一點信任，否則「破」的人是不喜歡講心中的話的。愛乾淨。較沒創造力，因為守成者總是中規中矩的，跟著前人走。

　　「破」有一個特色，會邊做邊嘮叨、碎碎唸。愛付出，但又心不甘情不願。沒有福報，那是因為付出太多了，但是喜歡發牢騷、嘮叨，別人會煩、會討厭，那麼功德就沒有了，所以，最好不要囉嗦，否則福報會說掉了。是做十分得兩分報酬的。

　　休息時仍繃得很緊，較沒辦法享受生命，天生勞碌命，愛做又愛唸。很認真但格局不大，因為太瑣碎了。很想要組織家庭，而且「破」的人很愛買房子，因為房子等於家，家也等於安定。「破」的家通常不是華麗的，但清雅、舒適。個性很被動，不會主動尋求突破。

　　重感情，聽不懂人話，感情上很執著，所以「破」的人來找你，說說就好，不用太認真勸說，他們只想找朋友傾聽。來還感情債的，只想守住這個殼，有沒有人並不重要，所以即使另一半不成材，也會守著。我就有一個朋友，先生一喝酒就會打人，然後到大陸出差三年偶爾回來一趟，但是她仍然是守著陽光守著你，只是朋友們永遠都會聽到她在抱怨、哀怨。所以，「破」的人要知道，過去世你也是讓人家等門的人，這一世你所受的苦，都是過去世你加諸在別人身上的苦，所以靈魂要平衡過來，能理解這些，當下就平衡了，不要用生生世世都在這樣的情境中攪和。能忍受夫妻之間的不平等待，只是嫁娶「破」的另一半，多塞些棉花就行了。一般「破」的人，容易得腸胃的疾病。

◎ 畜牲道：「刃」——盯緊目標伺機而動，唯我獨霸

　　旁生道的「破」和「刃」的相異之處，除了在上一節旁生道「破」一開始所提到的之外，在感情對待中，「破」的人～是守著陽光守著你、等著你，前輩子欠人家的情，這輩子就要來還。

　　而「刃」的人是愛你，但用的方法是有壓迫性的，霸氣的愛，「刃」的人會按照自己的方式，用自己的方法去愛你，如果一開始你沒有對他們說清楚你的好惡或者底線，那幾十年，他都會用自己認為的方式來對待你。「刃」是個敢愛敢恨的人，對待情人也是很大氣，贈送禮物給情人時，常常是眼睛都不眨一下的餽贈，沒有任何自我的人被「刃」愛到，其實會感到很幸福，但對於那些自我很強的人，則會很痛苦。也就是他們的愛裡有霸氣。

　　旁生道的「刃」個性太剛強，也不會聽別人的意見，是相當堅持己見的人。內心對人沒有任何怨恨，因過去世是在大草原上奔馳的性格，所以，開闊的風格，使得「刃」做起事來顯得大方與大氣。為人很正直，容易揚名，適合武職方面的工作，要防止與人有衝突口舌。

　　「刃」是吃葷的動物轉世，行動力與爆發力都很強，因為在大草原上，鎖定目標之後，絕不終止，潛伏觀察很久，然後會向獵物加速攻擊，會先咬住獵物脖子，使之窒息致死。是凶猛的動物。所以在累世累劫的果報中，很多「刃」的氣管、喉嚨都不好，容易有氣喘、支氣管方面的疾病，就是當時牠們是

咬獵物的脖子。心臟的問題，則因為在全力衝刺時，整個行動需要心臟幫浦來幫忙，此時心跳會加速，而有「刃」的人，不妨觀察自己在今生中，往往在瞄準目標之後，總是專注而又性急，常常為了目標而熬夜趕工、全力以赴。也要小心中風的問題，因為當牠們獵物到手之後，就加以肢解對方的屍體。所以，這輩子多吃些清淡的、多佈施。

「刃」、「破」的人，在事業上容易成功。而「破」是因為保守、守成，堅守崗位到底，滾石不生苔的緣故；而「刃」的成功則在於開創、企圖、實踐力、冒險性使然。

一般在性需求方面比較強的有「刃」與「壽」。但仙男道的「壽」，是源自於對精神方面的渴求；而「刃」則是喜歡那種來自野性的呼喚，屬於身體方面的接觸。

出家人的「孤」，情緒會卡住，不願表達出來。修羅道的「奸」、「藝」，是瞬間爆發的脾氣與情緒。旁生道的「刃」則是追逐感情的佔有，為擁有而痛苦。旁生道的「破」則是「算了，即使是不幸也不敢改變。

父母宮：「刃」在第一個字

從小個性就相當的剛烈，常與父母產生衝突，小時候不好帶。即使長大，父母親在關心他們時，就如同在大草原上有阻礙、抑制這些虎豹的原始野性時，常會見到牠們的怒吼般。可是你們不要以爲他們是不孝順，不然怎會與父母嗆聲；其實他們只是有著剛烈的脾氣，對父母的一切，也是執著得不得了。

小時候氣管不好，也有氣喘、支氣管炎的傾向。有暴力傾向。有點貪睡。做事很果斷，不達目的絕不中止。

事業宮：「刃」在第二個字

職場表現，很適合企業家、政客。命格中有「刃」的人，能力很好，但女命上會變得比較剛強。勇於冒險，勇於實踐，懷有遠大的夢想，是個敢作夢、追夢的人。因爲性格剛烈，所以容易得罪人。屬於開路先鋒型，因此，成功機率非常高。有話直說，不拐彎抹角，所以容易得罪人。

工作職場上要給「刃」發揮的空間，因爲過去世是在一望無際的大草原中奔跑，充分表達自我，不要爲其設限才留得住

「刃」的人才。工作上也是相當有霸氣的。容易中風，最好多吃青菜、水果。

夫妻宮：「刃」在第三個字

性需求較強，是一夜多次郎，出家人「孤」則屬淘汰郎。一般而言，在夫妻宮對應的感情世界而言，旁生道的「破」、鬼道的「厄」是來還前世債，但旁生道的「刃」，則是追求擁有而痛苦（他們的伴侶其實都對「刃」的人很好）。

感情相當執著，敢愛敢恨，佔有慾很強。感情上很忠貞，不輕易改變。但衝突性很高，所以常常吵架，是典型的床頭吵床尾合。「刃」的對象，偷偷告訴大家一個祕密，與「刃」的伴侶陷入衝突的熱吵之後，通常只要好好哄哄，最重要的是要進入魚水之歡，那麼很快的就能馬上和好如初，濃烈得化不開呢！

我好多次看到「刃」的能量展現，有個朋友她的一掌經夫妻宮（第三個字）是「刃」，命宮（第四個字）是修行到很高靈魂素質的女居士「貴」，平時的應對進退相當得體，高貴而優雅、清貴而脫俗，還時時教導著她的男朋友在跟別人相處

時，要如何體貼別人，就是「貴」的表現。但是，很難想像，每次感情的課題，總讓她與男友精疲力盡。她希望自己是對方的第一、永遠的第一、永遠手中的寶貝，但男友跟家人的感情相當好，所以，男友像陀螺般地周轉在家人和女友兩地間，不管現在是深夜或者日正當中、風狂雨驟或冷霜嚴冬，一刻都不能等，「刃」絕不允許你放她獨自面對爆炸後的情緒，馬上、現在、即刻……就是要來到她的跟前。提分手的是「刃」，其實她是有能力分手的，但是「刃」的執著是分不了的，她的苦是追求擁有而苦，並不是對方對她不好，而是她要全面的佔有，她的苦是求不得苦。

「刃」若能忍讓，那麼痛苦與煩惱就能轉化為甜蜜，因為十二個宮位中，「刃」是最黏人的，熱度也是最高的，你可以印證看看，「刃」即使他們可能位居社會成就很高的位子，但是私下的他們可能是整天都會趴在伴侶身上的無尾熊或者趴趴熊呢！

可是，如果伴侶沒有感情功課要修時，若當真順了娘意答應要分手，「刃」反而會做奮力的掙扎，開始奪命連環扣，有的繼續怒吼，有的會和緩下來，又想到對方的好，於是開始求

和。要分手、要和好都是她這個「刃」提出的,張顯的正是霸氣的愛!其實,再大的風暴,再大的席捲,再大的情感災難,善後的關鍵,就是來到「刃」身邊,上了床,回了能量,小倆口又愛得更濃烈,愛得更熾熱。

命宮:「刃」在第四個字

「刃」的個性剛強、急性,像虎豹。對人、事、物都相當執著。很有行動力,做起事來也很果斷、果決。爆發力很強。成就慾望大、企圖心強。有大企業的格局,可自行創業。攻擊性強,能集中焦點,目標取向,精確度很高。動作敏捷、主動積極。做事很有魄力。個性大而化之,不拘小節。

「刃」性需求強是屬於要身體的接觸,而仙男道的「壽」對性需求雖強,但精神面的渴求才是他們要的,不是純肉慾的。敢愛敢恨的性格

氣管不好,老年易有中風的可能,注意心臟疾病以及高血壓。因為老虎的習性是一次就飽足,吃完就躺,所以「刃」的人體質也容易發胖、愛吃肉。旁生道的「破」與「刃」都是聽不懂人話的,感情執著,聽不進去別人的話,勸不來的!

虎豹轉世，衝勁大，有耐性（鎖住目標時），有強的行動力與魄力。敢愛敢恨，但卻是以一廂情願、自己的方式去愛一個人，很霸氣、執著。要多吃青菜、水果，要將負面能量釋放出去，放鬆，不要執著。「刃」的人可多捐血，而「破」的人要培養自信心，學著放下。

◆ 鬼道「驛」──日夜奔馳，驛心難馴

鬼道有「厄」與「驛」。「驛」屬中陰身，消息靈敏，只有靈魂體，很有福報，但沒智慧，結婚後生命力會降低。有奔波的性格。「厄」的人怕寂寞，只要有人在身旁就好，不論是做任何事，就算只是閒嗑牙、扯八卦都無所謂。會有遇到陰間訪客的機會。

「驛」的人很喜歡跑，停不下來。不適合婚姻生活，但是因為執著，非要不可。本身易有乩童體質，敏銳度高。一生容易到外鄉打拼，是南北征戰的孤獨旅人。

命中帶有「驛」的人，多是勞碌奔波之命，但是能力好，武藝高，是超級業務員。為經營要走遍江湖路。朋友很多，但真心的很少。適合自己創業，要靠自己，得自外人幫助的很少。

此生可做法佈施，可保平安；也因為曾受信徒的香火供奉，所以，福德的回饋與延續，可做財佈施。很怕黑，有靈媒的體質。過去世都是別人在供養、參拜（香火），所以有來自

人的福氣，也因此「驛」的人，喜歡人群的生活，也很喜歡熱鬧。「驛」的人不容易專心，有如心猿意馬，常常發呆出神，靈魂出竅，如果你問「驛」的人在想什麼，其實他們是整個精神處在靈空狀態，一片乾淨，彷彿靈魂在休息，此時，很容易受到驚嚇。很怕黑。所以，要學習靜心，才能帶來專注，以免靈魂會有出口，受到驚嚇。

父母宮：「驛」在第一個字

「驛」的人跟父母關係緣薄，早年可能會由祖父母來帶、小留學生或者是老在家待不住到處玩。童年容易跟父母分開住。從小就顯得很獨立，容易早出社會，出門奮鬥。像驛馬，適合業務性工作，心不易定、無法定性，工作性質最好是有變化性的，或者是要走動性質的。不喜歡乖乖固定坐在書桌前一直看書或者做事。容易離家出走。有時容易成為養子、養女的命格。

事業宮：「驛」在第二個字

商人的「權」是大企業格；旁生道的「刃」是老闆格；「驛」則是業務高手。習慣奔波勞碌，工作繁忙，停不下來。

是勞碌命格。適合當導遊或各種業務性的工作。

重視朋友感情，是個很好的朋友。爲人很熱心，一切決定於所交的朋友的素質。很容易交上好的朋友。「驛」的人，書可以讀得好，「厄」的人就讀不好了。

夫妻宮：「驛」在第三個字

結婚後絕對會爲家庭、爲對方付出、奔波、勞碌、還債。所以要好好慎選另一半，尤甚是女性。我曾有一位學生，長得很漂亮又很懂事，有責任感又上進，爲了一份愛，白天上班拿份薪水，還充分利用業餘時間，兼課教授舞蹈，是一位大家看了都會喜愛、都會心疼的女孩。其夫妻宮就是在「驛」。

配偶叫你往東，你絕不會往西。一結婚，會爲對方付出、奔波，像驛馬，爲對方馬不停蹄。最好不要早婚，如果對方有情有義還好，否則會很累。

命宮：「驛」在第四個字

「驛」的人定性不夠，奔波、付出，特別是爲家庭奔波。動作快速、性子很急。容易被動而成乩童。反應很快、很聰

明，但書讀得不好。小心易逢車禍，易遇到陰間來的訪客。鬼道的「驛」與「厄」都很怕暗，也怕鬼怪。

是經常出國的命，所以也適合從事旅遊業，有時容易成為養子、養女的命格。行動力強，戰將型，適合業務方面的工作。執意非要不可。是未修成道的神，如福德正神、城隍爺、一般神祇……。

重視朋友感情（非常重），愛熱鬧（宮廟都喜歡香火盛，神也希望信眾能常來看祂、陪祂）。容易離家出走也容易交上不好的朋友，受朋友影響很大。交好的就很好，交到不好的就很糟。喜歡投機。要學習專心、靜心，才能自己做主。鬼道的「驛」、「厄」可常拜城隍爺。

鬼道：「厄」──重見曙光的惜福者

鬼道的人為何生存能力這麼強，這樣的生活也可以過？

因為過去世在鬼道受苦太久了，來到人間時，就會凡事感覺到好舒服、好好哦、美得不得了。只要來自鬼道的「厄」、「驛」，生存能力都會特別的強，尤其是餓鬼道的「厄」，把他

們丟在任何地方，再怎麼惡劣的環境都可以生存，此生有很強的生存能力。

鬼道「厄」的人，生性帶疑，做起事來也容易慌張而欠考慮。生命狀態呈現有點混沌，對事也較不求甚解，因為一想到要深入追求真理，就覺得好累哦！多世以來以致這一世都會容易驚恐。鬼道「厄」的人若帶有疾病反而能延壽。勞碌生涯雖苦也能捱著過，雖喜歡群體的熱鬧，但話並不多，是一群人聚在一起中，安靜的那一個。

佛道的「福」、「貴」，上輩子過好日子多年，享有太多的福氣，來到人間，反而沒有生命力，會感覺不滿意。而仙道的「文」、「壽」，追求很多形而上的精神，優雅的讀書人，對不佳的環境很嫌棄、很不舒服。出家人「孤」是修行者，有高道德感，看不慣人間吃相難看，但又無力改變。修羅道的「奸」、「藝」每一個人個性都很奇怪。鬼道的「厄」，因為在鬼道受了很久很久的苦，反而容易珍惜，有生命力。

鬼道的「厄」，靈魂渾厄，有小聰明但沒大智慧，是真正的餓鬼道，但是生命力強，對生存的環境適應力很強，智慧未

開，追求形而下的物質，很務實。容易渾渾噩噩過日子，這樣的孩子可以用嚴格的方式管教。因為他們不清楚自己真正要的是什麼。

靈魂功課是焦點要明確，用愛的教育，天生樂觀，感情與物質都混沌。喜歡現世物質，能屈能伸，但沒有原則，人際關係很好。因為過去世在鬼道的生活太苦了，所以會懂得珍惜生命，能吃苦耐勞。由於會貪被愛、貪被肯定、貪被關懷、貪陪伴、貪錢、貪被對待，所以要學習付出，由被動接受到主動付出，另外就是要明確自己所要的。

父母宮：「厄」在第一個字

「厄」從生命覺醒的角度來看，頭腦不清楚，混沌而且混厄，容易出意外。年幼時期適合採用以獎懲的方式來管束他們，「厄」有人間世的小聰明，就是鬼點子很多，但不想太深的事務，所以，智慧不易開。小的時候很怕黑，更怕孤獨、寂寞，因此喜歡過群體生活，對群體活動不會去選擇內容，縱然大家都言不及義也沒關係，反正只要有人陪就可以了。

我有位親戚，一掌經父母宮為「厄」，但已讀到某知名大

學的碩士了，對父母沒有任何的看法與期待，總覺得眼裡的父母以及早年成長環境，已經倍感滿足了。他的兄弟們都喜歡閱讀課外書，他一直覺得光讀學校的書就讀不完了，很辛苦了，一點都不想再碰任何的書呢！他的靈魂記憶裡只想休息！他是那種若非跟人約在這些書局地標等人時，進去吹吹冷氣之外，他想都沒想過要進金石堂或者誠品看書！就算在馬路上閒蕩都好，就是不想要再辛苦了，「厄」的人看大家下班後還積極學習，好用力哦，他才不想咧！

「厄」的孩子很孝順父母，只要他有能力，父母所提出的要求，他總會心甘情願的付出，而且不會去計較其他的兄弟姊妹們有沒有跟他付出的一樣多。你很少會聽到「厄」在父母宮的人會抱怨父母的。

晚上11點以後就不要在外面了，農曆七月半也不要常出門，儘量少游泳。

事業宮：「厄」在第二個字

「厄」的人做什麼事都做不好，持續力差，無法收成安定。常常隨遇而轉。自主性弱，但人格容易被塑造，小時候，

適合以嚴厲的方式雕塑比較好。受朋友影響很大也很強，系統性差。

　　你們可以印證「厄」在事業宮的人，很少會抱怨職場的人、事、物。他喜歡職場中的熱鬧，看著一群人在辦公室裡熱鬧滾滾，他就很快樂了。由於有在鬼道受苦的經驗，所以，很容易滿足。也不會抱怨朋友、兄弟，總是很容易看到自己擁有的豐富感，對生命的投入並不狂熱，呈現慵懶的散漫感。很喜歡一起做事的熱鬧感覺，做什麼都不重要，重要的是要有伴。

夫妻宮：「厄」在第三個字

　　「厄」在夫妻宮的人是來還債的，困頓、渾噩。在一般聊天中，跟朋友抱怨起婚姻時，是沒有主見，是會聽朋友的意見而離婚的人。婚姻情況雖然困厄，但他們本人卻又不覺得苦，因為喜歡群體生活，不適合單身，所以會忍受不平的待遇，勸他要忍耐。是可以隨遇而安的人，不太在意婚姻的生活品質，是為人不堪其憂而憂，但「厄」的人也不改其樂也，雖然苦，但因為從鬼道來的，所以可以忍受而不覺得苦。

命宮：「厄」在第四個字

「厄」為真正的餓鬼道，生存能力很強，很愛漂亮。是個膽小鬼，很怕黑，所以最好點個頭燈。心地很好，但沒主見，因為怕別人不喜歡他們，所以有討好的本質。生命渾噩，精神層面比較差，生活一團亂，不會理家，家裡無法井然有序。什麼事都做不好，因為很隨性，所以很容易滿足。

不太用大腦，但有小聰明，智慧仍未開，只要家裡沒人在，就會開始打電話給朋友了。憨人有憨福，雖然沒有大慧根，但有福報。很愛逛街，很愛漂亮，會享受。容易受朋友之間的影響，再加上沒有主見，所以要小心被別人的價值觀影響到。思考系統較弱，因受他人影響大，而比較沒有自我，是跟隨者不是領導者。

睡覺時最好點個小燈才入睡，中元節時期（農曆七月）非常不適宜外出旅遊或游泳。做事不得章法，沒有邏輯系統性。

喜歡過美好的日子，所以容易貪慕虛榮，依賴性很強。以人間世來看，比較務實。常會有不由自主的付出，如果有人來向「厄」的人借錢，第一次他會借，第二次還是會不由自主的

答應借錢給對方，心地很善良，但會姑息養奸。樂天知命，很好的公關人才，可以從事服務業。能夠忍受夫妻之間的不平等待遇。

鬼道「厄」的人，帶業障病反而可以延壽，否則容易早夭。「厄」若會有婚變，多半是受到別人影響，所以要學會自己做主。因為靈魂想休息，只想閒散一點過日子，所以很能滿足現狀，以致短視。不太用大腦，一旦你要他們想深入一點的事務，其內在會抗拒，既無法也不想進一步多想。很容易受異物干擾。生命力很強，心地善良。

◎ 上戲傀儡：都是命盤符號惹的禍

這個單元，收錄了九個真實故事（為保護當事人隱私，唯故事中的主角姓名皆以化名代稱），呈現「輪迴」在現實世界中是如何操控著我們每一個人，而妙的是我們也同時以狹隘的自我認知，賣力的配合著演出自己。建議讀者們不妨在故事中，嘗試像玩「大地遊戲」一樣，在短篇故事的劇情中，去找尋主角們在「達摩一掌經」裡的「輪迴密碼」。

故事一：「男主角」奸刃破驛 「女主角」壽藝文文

我在文中有提到，只要夫妻宮（第三個字）有旁生道的「破」與「刃」的人，這一世必有感情的課題要修。不同的是，這個苦主是男生。我認識這位舊識大概也將近十年了，最近他終於受不了而來找我談談。我在「一掌經」中全然可以理解當事人的心境。

文在結婚半年後，就換掉原本上班族的工作，轉而進入了行銷業。行銷業有一個特色，其中人才薈萃，職場中充滿著積極、進取、正面的能量，在這樣的環境裡工作，他慢慢的發覺人生有另一種昂揚、成功、活力的可能性，所以，他始終有一種前所未有的悸動與熱愛。很快的當身心與職場連結得越來越深時，革命情感也就不知不覺的滋生了。於是，相見恨晚的痛苦與糾結不時的纏繞著他，男主角原本有很強的成就能量（事業宮為虎豹的「刃」，再加上有個性美、自我性強的修羅道「奸」），一旦碰到情感課題時（夫妻宮「破」），相反的柔弱兔子、綿羊性格讓他困在泥沼中動彈不得。他完全無法投入工作（「刃、奸」都沒用武之地了）。

　　於是他的時間周旋在兩個女人之間，他的能量要安撫兩個女人的情緒，一個是義務和責任上的太太，另一個是他喜歡的女人。就這樣的，工作也就是拖著不死，但業績也沒什麼表現，但是行銷業的績效直接決定了收入的高低。

　　十年下來，沒有好收入，但有的是苦澀又無法離棄的兩段感情。

　　終於，太太發現了，這時候的他反倒不想當個無情無義者。所以在事情曝光的同時，他反而不想要離婚了，於是三個人同時痛苦（之前太太不知情時，反倒只有太太是最幸福的）。直到元配終於受不了了，要求離婚，才結束了這段三年婚姻。

　　而同事女友在苦情守候多年後，終於捱到了男友離婚，於是提出想定下來結婚的計畫。但男主角夫妻宮的「破」雖然離婚並沒有讓他孑然一身，至少他還有同事女友相伴，不是嗎？事實不然，婚雖離了，但他並沒有喜悅感，他仍受這個陰影籠罩著，於是他請女友再等他兩年，待他平復些（他怎能離開太太之後，就馬上奔向她的懷抱呢？），再來面對與女友的婚

姻。

　　但是沒想到，半途殺出了個程咬金，如案例中的「壽藝文文」，另一個女人出現了。其中這個女主角就有三世是來自仙道（壽文文），而其中又有兩個仙女下凡來的，這位女生天生有著魅惑力，像隻性感野貓，舉手投足之間總令男士們充滿著遐想，即使是同性間，也常被她給吸引住。她的身材就是有九頭身的黃金比例，職場同事們直問她怎麼沒去當明星，要跑來當業務呢？

　　這位女主角的「一掌經」裡，有一世是仙男「壽」的輪迴，所以，也很愛跟朋友們八卦、閒聊，她像是公司裡這個大家庭的管家婆。雖然她有著濃濃的女人味，我也相信只要她願意向男人展現風情，絕對很少人能全身而退的。但是有趣的是，她有時也很可愛，因為仙男的「壽」，其實愛八卦、閒聊，凡是生活、娛樂、消費，無一不是她拿手的強項，她有著超愛到傳統市場與攤販們殺價的歐巴桑個性，總之，她像大家的總管，若想在生活中買便宜的物品，問她準沒錯。也因為她不只有人見人愛的「文」（男人特愛），我想女同事們更愛她的是那個很八卦、很愛閒扯的「壽」（當她跟大家在一起時，其

實是沒有仙女「文」的那種纏纏的氣）。

男主角再度捲入了這個更致命的情感漩渦中，「破」怎受得住呢？男主角看管不了這個兩世仙女下凡的精靈，她會偷偷跑去和其他的男性朋友們玩，也有自己的盤算想要找個金龜婿的（因為這些年來，男主角只忙於前段感情的安撫，無法在事業中開展，所以也沒能力提供給這位仙女好的物質享受），但是在沒找到之前，她知道這個男人離不開她的嬌，忘不掉她的媚。但是，她為何沒想要他，是因為她知道她需要過好日子，也有條件找個有錢男人，她沒必要賠上她的幸福跟這個沒錢的男人，她知道激情是沒辦法換來高級麵包的。所以，她怎會乖乖地守候他呢？只是這個男主角的忠實與愛意倒也滿足了仙女道「文」所要的浪漫情懷呢！

終於男主角逼迫她承認有另通款曲，在吵了架之後，這位仙女不客氣的向他咆哮著，說他壓根兒無法給她穩定的物質生活，憑什麼限制她交其他朋友的機會呢！男人身上的「奸」、「刃」怎禁得起她如此明白的指控，男人的自尊全然掃地，這個時候他真的像隻猛然醒來的睡獅，他斬釘截鐵地告訴她：「有一天當他成功的時候，他也未必會選擇她！」狠話說絕，

本來要分道揚鑣的。怎奈，才過幾天，女人寂寞難耐，打來一通電話，吳儂軟語一番，他再度像隻綿羊，旁生道的「破」，就是如此的被感情操弄著，痛不欲生。

猛然感覺，這一生傷了元配，誤了同事女友，又搞不定眼前這個女人，面對辦公室裡的這兩個他愛的女人，他從來沒走出過這個感情的泥沼，現在更深陷在隨時都可能要他命的流沙裡。

他來找我，再次印證旁生道的「破」、「刃」——你們根本不用給任何建議，即使他們很誠心的表示想聽您怎麼說，但這都不是真的！因為他們真的很執著，事實上他們只想找人聽他們的故事，或者消化這些傷人的能量，他們並不是真的能及時從情境中走出來。讓他們苦吧！直到他願意聽自己內在智慧的引導，他們才會真的釋放自己。

故事二：「女主角」破刃藝驛「男主角」藝破福藝

又一個命宮「驛」的奔波型人生。一生總得要為家庭奔波、勞碌。怡，一個自幼年開始，即面臨親情顛沛，家庭流離的人生，只因她的父母迷上了賭博。幼年起姊妹三人就開始到

處寄住在阿姨、叔叔們家，經常的搬遷住所是家常便飯，舖陳了她高中以前的早年。

　　高中之後雖然搬回來與父母同住，情況也沒好轉過，常有人上門來要債或者父母仍流連賭場以致晚餐得自己看著辦！她一路孤獨的走過來，在她內心有著堅毅的個性，即使老天給她這樣的際遇，給她這樣像散沙的童年，沒有穩定的家庭，更沒有溫暖的親情。旁生道的「破」的乖乖牌個性，使她一路鞭策自己奮發圖強，不僅上了<u>北一女</u>，更因出色的外表而榮膺學校儀隊隊長的殊榮，可以說是相當出類拔萃的才女。後來更就讀某知名國立大學。

　　在上了大學之後，有著比一般人早熟的心智，她知道要重振家道門風，只能靠自己了，於是她認知得很早，比一般人更務實的服膺、遵從現實的主流價值，知道以後要在社會上立足，要成為somebody，在沒有任何援助下，只有自立自強才能揚眉吐氣。早期的童年成長環境，像在一塊貧瘠的土壤中，更加襯托她的清麗脫俗，與令人疼惜的柔弱與堅強。

　　事業宮在旁生道的「刃」，她有強烈的企圖心，有專注的

目標感，有外柔但實則內剛的性情，一路督促自己絕不能在成功的道途中怠惰，她不要再過那樣貧窮的人生，她更不要以後讓她的小孩再經歷與她同樣的人生。「絕不！」「我要成功！」自此她從一隻小綿羊、小兔子，立志要蛻變成為一個尊貴、華麗的猛獅，她要追求自己的亮麗人生。於是「刃」的敢冒險、敢實踐，也突顯她胸懷大志。

然而在三姊妹中最小的她，也是唯一一個沒有在現實的人生中妥協，沒有在挫敗中放棄，而她的姊姊們接二連三的成為卡奴，背負卡債，更早早的也草草的躲入了婚姻中，唯有她仍在現實裡努力不懈，矢志對自己的人生負責到底。

其實在她的內心深處，有著對父母無以復加的痛恨，但是有更深更深的憐惜，這些感覺無時無刻不在她的心底糾纏著，連她也無法分清楚究竟是恨他們還是不捨他們。她想，如果她做得到的話，她會像姊姊們一樣：一頭鑽進婚姻裡，狠心點雙手一攤，放下他們，不再管他們的死活。但是，她做不到。因為家裡只剩下她還肯、還能為這個殘破的家做點什麼了。她就是無法狠心切割，況且面對將要步入風燭殘年的老父母，她嘴雖硬，也氣父母不懂得照顧自己，最後重擔又是落在她身上。

童年時的她，年紀小沒能力，所以離不開家，長大後，父母老了、病了，她還是無法忍心拋下他們形同陌路且不聞不問。

她掙脫不開的不僅是關係血緣，更是內心做為一個子女的基本良知。父母宮「破」的人，付出的過程中會有一種不得不的無奈，也會不假辭色的對父母喝斥、嘮叨與叮嚀，一生來還父母債，在外界眼中，會覺得她比較孝順，只是有點像義務型的孝順，不是甘願型的。總之，既然逃不了，也會是一邊付出一邊抱怨的情形出現在相處之中。

夫妻宮在修羅道的「藝」，她不僅欣賞有才華的人，更會要求、期望配偶的才能要出眾。相當看重對方的能力，理家的能力，賺錢的能力，成長的能力，企業家的格局，實踐家的大氣，要有外在的才華，更要有內在的德性。她強烈的表達著她會心甘情願的與他結髮一生，但因為對細節的強烈需求，所以，常在關係中有爭執或者生氣。

倒是她現在的男友，他的兄弟宮、事業宮為「破」。的確，在現實生活中也常有為兄弟姊妹付出的情形，而「破」仍然像是一種掙脫不開的義務。從小他就承受著家裡生病的哥哥

像是一顆不定時炸彈，爆炸時全家人在戰火中無一能倖免。早在他幼小的心靈裡，他知道自己是除了父親之外，這個家以後唯一可以寄望的男人了，也是唯一能撐起這個家的人了。光這點，他就無法逃開了。他是家中最小的，但自幼年時期開始，哥哥生病了，父母光是看顧哥哥就已經手忙腳亂了，所以，在他的心中，和姊姊在一起是唯一可以稍稍讓他喘息與依靠的，補充這一點力量，才能夠讓他繼續的扮演一個堅強又勇敢的男人角色。所以，和姊姊的感情特別好，在他心中，他會願意為姊姊的家庭付出一切時間、金錢與勞力的。

另一點是命格中出現了兩個修羅道的「藝」，男友的脾氣常會有瞬間的怒氣沖天，她實在不知道他為什麼要生氣或者有必要反應這麼激烈嗎？有時他會在半夜三更趕她走，常讓她心寒不已。但常常是五分鐘過後，怒氣也消了。他的兩個「藝」，也是相當注重細節的人，自己很有才能，相當自信與自我，同時也會期待配偶要有這種能耐與能力，即使未來他會娶到一位富貴雙全得妻助的緣分（因為夫妻宮為佛道的福」）。

故事三：「女主角」奸貴驛驛 「男主角」權驛藝奸

這個案例中的女主角婷與故事九的<u>琪</u>，雖然來自不同的家庭，但大體而言，個性的元素中是相當像的。比如說，<u>婷</u>她雖然是家中的老大，然而因為父母宮在修羅道「奸」的她，是一個外表有頭直長髮披肩二十五年的清秀身軀，但實則是一位相當聰明的女孩，只是早年書讀得並不出色。與她相處之後，就會赫然發現外形秀氣的她，其實是一位不折不扣反叛性極強、主觀意識極重、重感情和義氣的俠女。

不像一般的家庭，老大總背負著較多的家庭宿業或姊代母職的管理著家理的上上下下、老老少少的一切。父母宮在修羅道的「奸」多少帶出的自我，反倒讓她得以在早年的成長過程中做自己，當她不想理會外在的紛擾時，常常可以理所當然的走開，彷彿雲淡風輕似地遁入蒼穹，早年的她可以自我。與人相處時，她一點都不會想佔任何人的便宜，做人公正是她一向的堅持。個性很直率，但有時候脾氣瞬間一上來，說話直接的程度，也會讓別人抓狂，而且別人根本不知道哪裡冒犯了她。

事業宮在女居士道的「貴」，倒是進入職場很早的她，為

人和善，很有人緣，口中常常讚美別人，欣賞別人的長處，也因為她的態度相當的誠懇，所以與她相處的朋友、同事們，都會得到很大的喜悅與自信。也因此，她的外緣與事業運一直都是很不錯的。貴人很多，所以她的生命課題並不在此。

夫妻宮「驛」的婷，註定要婚後為家庭、為愛而奔波的。再加上命宮又一個「驛」，不僅一生是活躍、忙碌的基調，更是要忙到晚年。從高中時代起，先生是她的初戀也是她一生的最愛。

先生的事業宮也是「驛」，所以可以得知婷的先生是一位業務高手，相當出色的將才，過去世中又有經商的能力「權」，數字觀念很靈活、很厲害，所以商人的「權」再加「驛」大家就可以知道她的先生是一個事業方面很出色的人才。也的確，先生有著發光、發熱的魅力，當然太太從年輕一路走來，一直就是他最崇拜的粉絲呢！

但是，先生有二世是修羅道「藝」在夫妻宮，「奸」在命宮轉世的，所以，他的生命基調就是出在脾氣相當的不好，活在自我的世界中，而且充滿著自信，但是EQ很糟。特別夫妻宮

又有修羅道的「藝」，更是突顯對待太太的態度，絕對是超自我、超冷酷，也顯得超不假辭色的。要特別說明的是，「藝」在夫妻宮，很期望自己的太太是很有才華的，就像自己，然後又以超細微的標準在顯微鏡下檢驗著太太，所以，太太從工讀生做起的會計將近二十年，在他的眼裡，這份工作的能力早已不被他肯定了。這使得他更加的自我。但是，她還是很愛他、很崇拜他、很欣賞他。

這些年來，先生因為常年的工作應酬所以身體也搞壞了。婷的夫妻宮在「驛」，所以她告訴我說：「老師，我希望能加強自己的能力，因為會計做了二十年，現在家庭需要我，我希望我的先生能好好休息、調養，由我來養家，我都願意。」你們看看吧！

我曾有另一個學生惠的夫妻宮也在「驛」，她長得很漂亮，而且很體貼別人，畢業於某知名大學的舞蹈系。白天她在公司上班，晚上就到舞蹈補習班兼課，假期從沒閒過，補習班的課排得滿滿的。她很有心的想與她的情人一起打拼，一起建立兩個人未來的家。然而，男友的夫妻宮是在修羅道的「奸」，所以，身為女朋友的她雖然是別人眼中的寶，大家都說

「娶了她，一定是上輩子祖先積了德，燒了好香，才能娶到這樣的女孩。」然而，男友從不這麼覺得，當他聽到她的抱怨時，還會馬上數落她，是她自己要把自己搞得這麼灰頭土臉、累垮自己的，不關他的事。還認為這是她自己要選擇這麼忙碌的，可不能怪他！

還沒結婚的你們，趕緊去看看有沒有「驛」在夫妻宮的對象！

故事四：「男主角」厄文貴厄

我熟識這個男孩將近二十五年，算是階段性的知道他的生命歷程，因為他是我的外甥（表姊的兒子）。

他的家中有三兄弟，他排老二。雖然從小都在男生的環境裡長大（家裡除了媽媽以外，再也沒有女生了）。佑的一掌經中有「文」與「貴」，就是說佑有二世是女生投胎的，只是你們可能很難想像他的體態、肢體動作，真的不蓋你們，好優雅哦！說話的語調好柔哦！音質帶點ㄋㄞ，氣質很好哦！但是散發出的這種氛圍，並不會讓人感覺到一種很怪的娘氣，反倒像是有一種高貴、清雅的靈魂，相處起來是舒服而愉悅的。在他

身上，從來就沒有那種高昂到聽起來像是要準備爭吵的語調，只有像春天的花蕊，清雅而不俗麗。

他是三兄弟中跟女性相處最融洽的，每當<u>中國</u>人的大節日，母親的娘家都會大團圓，他的媽媽有五個姊妹，而他的哥哥、弟弟在向阿姨們打完招呼後就閃人了，只有他會待在女人堆中，靜靜的陪伴在長輩身邊，就好像女性是他靈魂中所熟悉的氣息與氣氛。原來他有其中二世曾來自仙女道的「文」與佛道女居士的「貴」。

很有意思的是，他擁有某知名大學的化學碩士學位，也曾在很多上市公司工作過，但因爲仙女道的「文」，與所有人的相處都很融洽，仕途順遂，也有不錯的薪資，他一直將生活過得相當的閒適，但是仍會感到工作總有些辛苦，爲什麼人要一直都在工作呢？

94年有一個機緣，他在父母的大力鼓吹與邀約下，辭掉很多人都羨慕的工作，毅然決然到<u>雲林古坑</u>（一個佛教團體所建立的教育園區，裡面有佔地很大的農耕區，全部是無農藥種植的，也有教育園區等等，我在此不多贅述）的<u>福智園區</u>裡擔任

教職，只支領很微薄的薪水。由於他命中有事業宮在仙女道的「文」與夫妻宮在佛道女居士的「貴」的緣故，代表前世早有修行的福報與緣分了，再加上剛好現在的年紀是在走居士道「貴」的行運，所以，並沒有太多的內心掙扎與勉強，就下南部了。

我來談談他的童年鬼道「厄」的部分。從小他就有氣喘病，早年常常夜裡發作時，就無法入眠，整夜到天明，這是我對他的童年印象。但是我在學說裡有提到「厄」的人，有帶業障病反而可以延壽，所以他的童年就一直是與氣喘病共生的。

父母宮在「厄」，他對父母並沒有任何要求與期待，總覺得太努力去期待別人，就會抱怨、生氣、怨懟，這樣花自己的能量又不可得時，會太辛苦，更何況他有一對非常好的父母，他才不要呢！而且，只要別人向他求助，他多半都會幫別人，而且從幫助別人開始，他就不曾抱怨過，因為，他知道抱怨會帶來很多的負面情緒，這會內耗掉他僅存的生命能量，會讓他感到太累了。

雖然從小讀書都是自動自發，在家族的眼裡，他是最乖

的。他的哥哥、弟弟覺得課外書永遠比教課書有趣多了，所以，他的功課比兄弟還出色。直到今天，他告訴我說：「當時我一直覺得分內的課業那麼重，讀起來已經夠苦了，才不要再替自己惹來這麼多的麻煩呢！」直到今天，除非必要，比如與人相約，才會將這些書局當成地標或者在等朋友時，就會暫時到裡面吹吹冷氣，不然金石堂書局、誠品書局都不會是在他生活裡會安排的活動。

倒是鬼道「厄」的人（特別像案例中的主角，命宮在「厄」），由於過去世受了太多的苦，所以，這一生靈魂想休息，不想爭，不想搶，不想再努力，他只想順著流水漂，和著微風吹，跟著白雲沒有目的的旅行，就這麼的走著、晃著、逛著，千萬別問他「你的人生目標是什麼？」，凡太努力的，什麼積極啦、努力啦、用功啦、業餘進修啦，反倒他們看你們每個人都這樣努力的過日子，「厄」的人，一點都不羨慕呢！

有意思的是，他告訴我：「阿姨，雖然我在園區這裡，的確從經典中理解到生命輪迴的真諦，也看到才為人總在紅塵苦海裡受輪迴折磨，所以，只要我一直生活在這裡，遠離五光十色的台北物質世界，我從不懷疑、後悔自己的選擇。但是，只

要我每兩個星期回<u>台北</u>一趟，和老朋友、老同學相聚時，又會感覺到這樣的日子，這樣的熱鬧，這樣的與整世界融在一起，也很不錯。而且我內心並沒有任何功利的追求，沒有任何的慾望，我只想要<u>台北</u>市裡這些跳躍的元素，調和我的生命，當外在的世界越鮮活、喧囂，其實我的內心越覺得存在，越紛亂的世界，我的內在情緒卻越安定。我在園區的日子『很好！』。在可愛的<u>台北</u>『也很好啊！』

故事五：「女主角」刃破厄福

從國小、國中直到高中，她一直都是同學眼中的風雲人物。「刃」虎豹個性的她，有著開闊、豪邁、大方、阿莎力、自由、前衛的鮮明標幟。從學生起就一直不乏追求者，在出了社會就業後，因為從事的是化粧品這行美的產業，所以整個人隨著年歲的增長，更加的成熟。

其實，在她身上有著矛盾的雙重性格。對外的交往、應對，有著「刃」虎豹的爽朗個性，但是投入職場之後，旁生道的「破」，使得她工作態度認真、執著、守成；進入婚姻中，也傳統的不得了，克盡母職。隨著孩子的逐一到來，幾年後，

她暫時離開她熱愛的職業舞台，扮演著稱職的母親，讓先生無後顧之憂，並且將家裡打理的井然有序。

她選擇在雙十年華走進了婚姻，婚後半年就開始處在家暴中長達十二年。朋友們覺得不可思議的是，暴力時間竟持續這麼長，但朋友們用勸的、拉的、罵的都沒用，最後她總是被內在那股強烈的執著再拉回那個家。

但是，她的前夫說他很愛她。由於她有姣好的外在條件，即使有了三個小寶貝之後，依然保持得很好，從事的又是女人美的化粧品行業，再加上她本身具有很棒的受歡迎與成功的特質，所以，前夫對她懷有強烈的不安全感。而前夫因為創業的壓力很大，再加上大男人主義作祟下，迫切的想提供給這個家最好的物質生活，於是透過暴力打壓，總是藉著酒精作用就開打了，也完全不顧是否會帶給三個兒子心靈的創傷。

好多次的午夜、冷冬、雷雨、霜寒，每每打過她之後的痛徹心扉，肉體的傷痕不比心如止水的麻木帶來靈魂的扼殺那樣的徹底。心早已死，而肉體只為那個來自靈魂裡的莫名執著。朋友的話顯然是有聽沒有懂，於是年輪的周轉，悲慘的日子就

在前夫喝酒打人，接著獨自猶憐，然後前夫酒醒下跪懺悔，最後被前夫的這個態度軟化而再次原諒他，情節就這麼演了一齣十二年的泡沫劇才閉幕。

其實盧一生的自我實現的能量是在命宮的福報「福」（值得慶幸的是她的晚年運不錯，以及過去世的財佈施福德），那些過去世曾受過她利益接濟幫助的眾生，將會在這一世回報她，「福」與做事能量虎豹的「刃」與認真吃苦的「破」都能讓她在離開婚姻之後再度揚帆啓航。

她的婚姻宮在鬼道的「厄」與命格中有「破」，不難讓我們理解到，原本她對婚姻的期待就是抱以最低標準的（有些修羅道的「奸」、「藝」有著對配偶完美的要求與才能的期待），鬼道「厄」在過去世所受的苦，此生進入夫妻關係時，她靈魂是想休息的，沒有高標準期待，只要有個老伴就夠了，別無所求。「厄」不想要孤單一個人品嚐人生味道，也不想要人生調色盤中的灰色，所以，只要對方還有一丁點的好，對她而言都已足夠。「不要獨留她一個人」的條件，凌駕其他的需求之上。

　　只要能當老伴，不再讓她感到孤單，其他不重要了，就是這混沌智慧沒開的鬼道「厄」佔據了夫妻宮所致，再加上守著陽光守著你的「破」，這二者都是能忍受夫妻間不平等的對待，才讓這個慘不忍睹的劇情片上演這麼久。

　　但值得欣慰的是，命宮男居士「福」（與當事人的她相處之後，你會直覺到她雖為女身，實則像個男人個性呢！），是相當相當好的一個輪迴轉世，過去世財佈施的資糧福報，她一生的際遇從小到大幾乎都不曾有缺錢的窘況發生，比如從小她的家裡就是開外省料理的小吃店，在那個年代的台灣社會裡，家裡的經濟就是不錯的，所以她的煩惱從不在金錢上。婚姻中，先生又是個創業老闆，縱使有精神上的虐待，物質生活也是很好的；離婚之後，她扶養三個兒子，但是娘家的姊姊（她家只有兩姊妹）與媽媽不僅全力挺她，孩子也全放在姊姊家與姊姊的孩子一起成長），所以，在不幸中仍有大幸，老天爺留給她很大的福報，離婚後的她仍可享有單身般的自在生活。

故事六：「女主角」孤壽孤刃

由於命宮旁生道是「刃」的原因，她的生命基調，只要看到本人就會感到一股霸氣的能量，與她相處起來頗帶勁的，個性剛強，有行動力，做事很果決，很有女企業家的架勢，表達她的事業企圖時，你會感覺到她的魄力，是個大而化之的人。連一般的日常相處、應對與對話都充滿著攻擊性與侵略性的女生。「刃」的味道相當鮮明。

二世出家人「孤」的輪迴，再加上有一世仙男道的「壽」，所以碧一生中常常有機緣遇到修行人或者善知識在她的周遭，她也頗能親近並接受這些靈魂熟悉的東西。可惜的是，她仍受著命宮旁生道「刃」那種虎豹性格的強大牽制，最後仍會回到她此生要修的執著與愚癡。因為命宮的「刃」影響力實在太大了。

由於兄弟宮為仙男道的「壽」，此生是男生轉世，所以，在她「壽」與「刃」的表現上，就很有男生那種俐落、乾脆的個性。因為在朋友與兄弟宮，「壽」的人超愛跟朋友八卦、聊天的，相當健談，也很愛跟朋友在一起活動。但是因為命格中有其他的二世出家人「孤」，其實，她的本質大體而言應該是

沈默寡言的，也不善在場合中用一種社交的手腕來炒氣氛，但是她常被朋友誤以為她超愛講話，一遇到朋友的場合話閘一開就難以停下來了，這是朋友宮在仙男道「壽」的情形，她也很喜歡與朋友、熟悉的圈子八卦，或者公關性的發言與講話。二世出家人「孤」的沈靜性格，這一面是朋友很少看到的。

因為她在兄弟宮裡是愛說話的「壽」，但是一到夫妻宮就是出家人的「孤」了，所以她的男友很難理解，總是看到她在外面只要跟朋友在一起話就沒停過，為何一回到家或者私下兩人相處的時候，就很明顯的變成了幾乎一句話都懶得說的人。另一半對她要求性愛的時候，還常常被拒絕或者男友感受不到她的熱情（別忘了出家人「孤」在過去世裡，沒有婚姻性愛的經驗，所以靈魂基因中，對夫妻魚水之歡這件事並不那麼擅長或者熟悉、熱中這些親密事），男友總會誤以為她的愛與熱情都對著外頭，是不是不愛他。

碧的男友夫妻宮在旁生道的「破」，對於女友這樣的表現，他很不解，即使會抱怨，或者女友想求去時，他總是放不下。他會一直守候著她，而且肯定會是一邊抱怨、數落女友的種種不公平對待，不斷的說給他自己的朋友聽，然後朋友們會

很認真的分析與建議。只是朋友們很難理解的是：既然關係已經像他所說的這麼不堪，然後也分析、建議那麼多給他，可是他從來也沒有採納過任何一個意見。最後，朋友們只會一次次的聽他重複的問題，一次次的感受到他枯竭的生命能量。因為真正不放手的，其實是他自己。

故事七：「媽媽」孤壽文厄「兒子」藝壽權厄

這對母子很有意思的是他們有二世碰在一起過，即兄弟宮的仙男道「壽」與命宮的「厄」。從孩子出生到今年小六畢業，她們母子的緊密程度事實上還真少見呢！

命宮「厄」的她們，其實生命的主調是一個靈魂想要休息，很容易滿足現實的狀態，對凡事得要爭、要計較的事，都會覺得好累哦！所以，停在現實中去享受，遠比追求靈性的成長，他們才不想那麼的努力。所以「厄」的人，大體上而言是不太會計較的個性，蠻好相處的。

話說這個媽媽姐，因為有著二世的仙道「文」、「壽」轉世，以及曾有一世出家修行「孤」的靈魂，所以，一生中常能交到一些不錯的善知識，很少會遇到壞人的。早年的「孤」，

雖然乖巧，不會去對抗權威，但是與父母的關係卻很淡，也比較沒有話說，對於被要求做家務的她，總是默默的做，逆來順受，很少有語言上的反叛。但是在她一生中，過去世因曾修行出家過，所以靈魂素質好，對於父母教養小孩的能力不足，很能感知，悟性很高，所以，在她還無法脫離家庭的早年，她很少說話，卻顯得脫俗，她的靈魂知道她不屬於這裡的。

接下來是二世的仙道「壽」、「文」轉世，所以上大學以後，她便脫離了這個家，靈魂記憶在找她的仙境。「壽」這個階段因爲是仙男來的，所以在大學時期與男生的緣分較多，反而感覺到跟男孩在一起是最自在也最愉悅的，再加上夫妻宮是仙女道的「文」，在感情的交往上，自然而然的會流露出男生們都喜歡的女人味，優雅的，脫俗的，浪漫的，唯美的，所以這些戀愛的緣分在她走入婚姻之前，談得眞是轟轟烈烈，情史的豐富眞是像電影情節一般呢！

夫妻宮「文」，使得娟在進入婚姻之後，精神的苦開始了。首先，先生家的家族事業面臨了所謂的夕陽產業，很多工廠都移到大陸去了。夫家所有人的一生，一直在婆婆的帶領

下，投入在家族的工廠裡，由興盛到沒落。現在，家族的第三代，有的上大學了，樹大總要分枝散葉的嘛，於是沒有人有意願繼續挺進大陸。

這樣的收入結構變了，一夕之間，這輩子一直在家族裡打拼的先生，因為晚婚，孩子才小六，被迫要在接近五十歲時才來轉業。先生是個木訥的人，是位顧家、愛家也疼老婆的好好先生，節儉的不得了。這點實在沒有什麼可挑剔的。

但是，由於先天上，娼有二世仙道來的「壽」、「文」，對浪漫、唯美的情愛是有所期待與憧憬的，她渴望更多的交談與交會，更希望伴侶有跟她一樣的性靈素質，然而，先生學歷並沒有她高，而且這一生都在自家的工廠裡工作，在心靈交會的這方面，顯然她是失落的。

對生活的環境有著近似潔癖的要求，因為仙女道的「文」不能忍受一丁點的不舒適感，看到老舊住屋的廚房裡有趕不完的螞蟻，她就有無盡的焦慮。她更不喜歡見到工廠界與工人階級裡的那種粗魯對話，出口便是三字經的，在在使她抓狂與厭惡。所以，進入婚姻後，她在精神上可說是極度的痛苦，再加

上家族產業的沒落,直接衝擊到先生的收入,一想到此,使得平時她所感受到在精神上與先生原本就無法契合的痛苦,像是落難的精靈,現在又加上現實的經濟問題,這些林林總總、點點滴滴,簡直讓仙女道來的「文」痛苦不已。

仙女道的「文」厭惡油煙,而且家裡也沒有咖啡館的氣氛(仙女道「文」的人,有些特質是,她們很喜歡買花佈置環境,她們覺得即使鮮花會凋謝,這個錢仍然值得花;她們也很喜歡泡咖啡館),所以,經濟再怎樣的拮据,生活品質仍然不可以完全摒棄不顧。兒子兄弟宮是仙男道「壽」與母親那世是碰在一起的,而且兩個都是男生,所以這一世雖然他們是母子,但是感情上卻像有樂同享的哥兒們。所以,有時候母子上餐廳點一份餐,兩個人在精神上都感到快樂似神仙,這一餐帶給他們母子的不是吃飽的意義,而是精神與靈魂都得到了滋潤。

命宮的「厄」,總在仙道的極度不滿意下,出來平衡一下。最後內在審判的結果,精神感受就留給精神吧!(仙女道的「文」)前世的受苦記憶猛然一敲,她再度連結到那份曾在

鬼道受苦的感受時，突然覺得「好累，好想休息了」。不再有精力了，回到現實裡，雖然沒有別墅、華廈，卻還擁有一床可臥的安頓窩，瞬間，內在一切歸於平靜，因為此刻她的靈魂只想休息。

故事八：「女主角」權文刃貴「男主角」福壽壽藝

她三十年的人生絞在一起的內在紛亂，好像每個層面都出現了問題，求助無門時，來到了<u>北極星生命方程式</u>。

她急切的說著她這段時間狂亂的找著有什麼資源可以幫她的，心理醫師她找過，張老師那裡也去過，通靈的、命理的也拜訪不少，但是她心裡從沒有鬆解與平靜過。其中還有人告訴她說，若不與原生家庭做個了斷，恐怕不久的將來，她將會尋短。

我聽得瞠目咋舌，雖然我對天地懷著謙遜、敬畏之心，也對宇宙的力量全然的臣服，姑且不論她遇到的這位所謂高人，意指的根據是什麼，待我一路聽來之後，顯然在我眼前的這位女孩，她內在被錯誤完形的價值觀，更值得也更迫切的需要她去探索與面對。

　　君的早年，是商人的「權」，可幫助我們去理解到她與原生家庭的問題。「權」的人很有主見，從小就不喜歡被人管，其中包括所有的權威角色，例如：父母、師長。雖然不喜歡別人一直在口頭上叮嚀，但是也不會跟父母或師長發生口頭上的爭論。她覺得自己在處理事情上，有很明確的清晰度，不懂為什麼其他人要干涉她，所以「權」的人就不愛凡事先訴諸口語表達，尋求別人的認同，在行事上是會先斬後奏的。

　　其實這種經商或經營人生的天賦，在平輩間是很容易突顯出來的，他們會感覺到身旁的人能力根本就不及他們，也比他們遜，他們的謀略根本沒有人能懂。於是，早期的「權」變得有點可惜，早年行運大都是在學生時期，並不在社會舞台上，於是，只顯得他們聰明、善經營佈局的潛質，但並不會變成實質的社會成就。反而在與家人之間的相處，容易發生格格不入的情形。

　　但是父母宮商人的「權」，在年少時期就容易在同輩之間看出來，他們未來會有所成就，因為商人「權」的細胞基因中總是有他們對凡事的獨到見解，若以社會的主流價值來看，汲

汲追求「成就」這件事，算是相當務實的了。所以，她與家庭的關係一直是她無法接受的，在她心理存在著這一條深深的鴻溝。

值得慶幸的是，女孩的命宮是佛道、女居士道的「貴」，所以有很高的靈魂素質，也的確她給外界的第一印象是非常的好，有很高的悟性，即使一生會面對艱難的課題，最後她必能靠自己內在資糧體悟到這些生命事件中所帶來的靈性課題。有時候，生命就是這樣，我們都知道要成長，但是成長並不意謂著是以愉悅的形式呈現，這點大家要有所認知。

她在群體中，總是能以很高的靈性角色渡化別人，這點毋庸置疑。正如她在初見面時，即告訴我，她一向是朋友間公認最有潛力的諮商師角色，可見她有能力幫忙別人，在一個較高的靈性位子上，輕易的瞭解別人問題所在，也知道別人該怎麼做會更好。所以與她的男友交往之初，因虛長對方幾歲，所以她常常扮演男友的另一隻眼，總是訓斥對方的不宜之處，教導對方應該如何是好。

雖然她是好意，也的確客觀，但是這其中不難看出她夫妻

宮旁生道虎豹的「刃」，有著操縱、霸氣的愛，所以，她不斷的提醒對方那裡不對，那裡不夠好，她潛意識要對方照著自己的方式來做自己，她正試圖要改造對方。我常說，我們都是累世靈魂的傀儡，我們做很多事，基本層的動機常常是出於無意識的，也就是我們自己也不曾察覺的。所以，所謂紅塵好修行，是因為務實接受生命對你直接出題，但是一定要仔細察覺，因為裡頭的考題靈活多變，千萬要警覺。

君因為悟性高，的確能看出男友或者別人問題的癥結，而且她始終充滿著善意不斷地給對方意見和看法。這帶給她過度的自信，以致她輕忽了一點，原來她的靈魂精心設計了這齣「劇中劇」，她既是觀眾也是主角。顯然她沒有認出這個觀點。

即使是如此，我依然相信她有很棒的大慧根，雖然她的靈魂在轉世時，選擇了一個需要在感情裡透過「刃」的執著，折磨苦修，這是艱難的一個任務，但她終將能渡化自己，讓自己能成為浴火鳳凰，因為她的命宮是佛道的「貴」。

她正是我在書中提及的那位仙女道下凡的人。奇妙的是，她在與男友剛交往時，她就會嬌嗔的說：「我告訴你哦，我是

水仙仙女下凡的唷！」由於仙女道的「文」一向有著男人喜歡的女人味，很受異性歡迎的。所以，在熱戀之初，也讓男友見識到文曲星的仙女「文」，著實的幸福好一陣子。

仙女道「文」的<u>君</u>，也有嚴重的社會適應性問題，因為過度的潔癖，以致她極難忍受，在她看起來像是糞坑的人間，漸漸的抱怨多了，仙女道「文」看人間的每樣事務都是如此糟糕、如此髒亂，於是，她的精神官能症帶給了她現在的災難。她開始嫌棄男友像男人的聲音（因為男友的「福、壽、壽」，三世都是男生投胎的，看起來就是男子型的，而且一點都不娘），厭惡男友全家的相處太粗魯，對話不優雅，好像隨時都準備要吵架似的，這讓她極度的不舒服（因為男友全家都有修羅道「奸」、「藝」的元素，所以在她看來總覺得他們家的對話太直接、太不客氣、太不溫情了），並且嫌惡男友的朋友們；漸漸的仙女「文」的那種很不入世的脫俗氣味，使得男友的朋友們也開始跟她熱絡不起來了，總感覺到和她相處很束縛，一點也不輕鬆。

她抱怨職場、抱怨她眼裡與她所有關與無關她的事，全部

一件一件來了。

　　我倒要談談男友的大員外財佈施的「福」，家境不錯之外，與父母的關係也很好，所以，開始進入到女孩君真的核心課題 —— 旁生道「刃」霸氣的愛。她要第一，最好也要唯一。她要全部獨佔，不是分享。

　　有次男友與她相約週末要過個浪漫夜，那就從吃晚餐開始吧！他們浪漫的計畫著……。不巧的是，就在約會的當日白天，家中有事需要他回去幫忙，男孩本想他趕緊處理完，應該就可以兩全其美了吧！不料，忙完事後，爸爸提到全家要一起吃個飯。以他對她的瞭解，他心中有個很強的直覺反應，「慘了！完蛋了！」於是他想到一個折衷的辦法，可將雙方都搞定。於是，他想著：先與家人吃完飯後，再趕過去，頂多慢個一兩個小時，再來整個夜晚就屬於小倆口的時間啦！

　　這真是個不得已中的最上策了。於是他打了電話告知女友。沒料到的是，平日很有修養、禮教、懂事，甚至也處理過朋友同樣的問題，怎麼換成她時，竟一時無法轉換過來。那個女居士道「貴」並沒有在第一時間出現，反倒旁生道的虎豹

「刃」，在電話一端大發雷霆咆哮起來了。

像這種組合「刃」加「貴」的考題，常常是「刃」在第一時間以高能量反應出來，等到火山爆發後，內在那些滾燙的岩漿流洩出來之後（你們要瞭解虎豹的能量，是沒有思考的，它是行動的），內在的過去世修行的那些東西才會漸漸出來，然後再開始檢討自己的不該衝動（「貴」的人靈魂素質是最有能力自行轉化與昇華的）。

些許夜裡，年輕人半夜都不睡的（哦！我也年輕過），常常講話講到深夜兩三點是常有的事。發生好幾次，只要一吵架，「刃」是無法將情緒當下冷卻後，再來處理的（虎豹是不可能的，他們是當下就要的，絕對沒有冷處理的可能）。不管你在天涯海角，就是現在、馬上、即刻把他們給搞定。絕不可能讓你說：「寶貝，睡覺吧！一切等明天再說好嗎？」也不可能獨自讓他們去面對或消化這些情緒，你必須與她同在。

總之，「刃」的伴侶們常會經歷到，就讓「刃」先發洩再說吧！除非「刃」碰到修羅道的「奸」、「藝」這種相當自我的對象。修羅道「奸」、「藝」的伴侶，他們才不理你這個發

瘋的人咧,他們想理你或者想待在現場時,他們才會待著;也就是說,如果他們不想待在現場或理會當下的情況,他們會轉身就走,「刃」拿修羅道一點都沒輒的。

但無論如何「刃」飆過之後,他們仍是執著對方的。其實「刃」想離開時,誰都拿他們沒輒。只是有意思的是「刃」所要的是佔有或者要全部,當故事情節沒辦法讓他佔有時,「刃」的他們在得不到的情形下,就更不想走了。

「刃」的伴侶其實對他們都相當好,不像「破」的確會有受到一些不平等的對待。雖然二者都因為執著而無法離開,但不同的是當「刃」擁有了部分時,其實他們會想要更多,想要全部的佔有而開始痛苦。而「破」雖是受到不平等對待,但因為自己太保守又掙脫不開而無法自關係中離開。簡單說,「刃」是自己不想離開,其實並沒有人拉著他們。

故事九:「女主角」奸貴刃驛「男主角」壽文厄破

琪有五個兄弟姊妹,排行老三。早年父母的教育程度並不高,所以父母對子女的功課採放任的管教方式,全部是孩子們自己對自己負責。然而家裡的兄弟姊妹都相當優秀,幾乎可以

組成<u>建中</u>、<u>北一女</u>、<u>台大</u>的校友會了。她們手足之間的感情非常好，即使各自婚娶組成了自己的家庭多年，仍然會以父母為主，常舉辦家庭活動，這個家有著很強的凝聚力。

老天並沒有漏掉這位，她的天資很好、很聰明，只是書不見得唸得好罷了。她有很強的反叛性格，所以，主觀意識很重，所有正統乖乖女、玉女的形象路線都不吸引她，算是一位很有義氣的俠女。上有哥哥、姊姊代表著優秀，下有弟弟、妹妹跟隨著傑出，所以，她是家中最特立獨行，最能隨心所欲去做自己的一個任我行。她尊重其他兄弟姊妹們選擇的社會主流價值，但她想要走自己的路，所以很早就建立了自己的家庭。雖然她也有每個人在青春期，對原生家庭或多或少的年少情愁，但她算是在煩惱襲人的當下，比較能隨時掙脫，遁入自己有形與無形的世界裡，遠離惱人的紛擾。

她的個性裡有著正義感的修羅道「奸」，猶如她在早年時期（高中以前的階段）更是如此，那就是如果她的家庭受到外侮（就好像江湖需要她時），她絕對力挺、捍衛到底，但是在太平盛世時，你大概也看不到她的人，因為修羅道「奸」的她

並不在乎世俗的功利價值，所以「奸」的族群們並不會想要邀功，你們要就給你們好了，他們才懶得理你們咧！在家裡的她，彷彿是個隱形人呢！

　　在外人緣相當好，出了社會就業的<u>琪</u>，平步青雲，仕途順遂。而她也非常的愛她的兄弟姊妹們。手足對她來說，他們的事就是她的事，所以，即使她結婚了，她仍像是娘家的守護者，她從不計較自己的付出，只想看顧著這個家，就此而言她是高貴的。而且她的就業生涯中，一直在縣政府工作將近二十年，後來因為先生創業，才離開公家機構出來幫先生。她的人生在結婚之前凡事算能如自己意，順自己心的了。

　　先生這方也有著二世來自仙道「文」、「壽」的浪漫情懷，一生和別人相處時，很受歡迎，充滿著輕靈、雅緻，所以在外的人際關係，有如靈魂記憶中的仙境素質，他將人、事、情境所有的一切都融合在一起，寓人生於工作中，他開心得很呢！但由於先生的夫妻宮鬼道的「厄」，使得他的靈魂想休息，不想去計較，也懶得將精力放在探尋問題和要如何解決問題上，對他而言，他覺得「這樣好累哦！」不計較的「厄」，

以及命宮旁生道的「破」讓先生的個性在互動中，總是扮演著被動與配合的無個性主義者。

　　而太太這一方的夫妻宮是旁生道「刃」，有著虎豹的霸氣，這個她一手建立的家，怎麼能受創呢！先生屬於她的，孩子屬於她的，這個天地就是她的王國領土，佔有慾很強，沒有絲毫可以改變得了她對於這個家的丁點想法與堅持，她忠貞的守護著家。從她的愛情來了，到走進婚姻二十年，夫妻之間一強一弱，一進一退，倒也配合得相安無事。文中我有說過，被「刃」愛到的人，若本身沒有個性，倒能享受到「刃」霸氣對待的幸福。

　　就在簽下購買新屋契約的一個月後，先生完全無預警的宣告他的事業要移師到<u>大陸</u>。措手不及之下，她虎豹的「刃」，也發揮了驚人的魄力，思考三天後，當下斷腕賣屋，而且同時替兩個兒子辦理在<u>台</u>休學，帶著孩子直奔<u>大陸</u>，在海峽對岸重建這個家。可以看到虎豹的「刃」，在追求「擁有」的過程中，張顯出的能耐何其大，這個「家」的發展，怎能任由外力的介入而摧毀呢？夫妻宮是旁生道的「刃」，在愛情、金錢、

子女的選擇當中，愛情的價值凌駕所有之上。當「刃」的愛情面臨抉擇時，你們便可看到其中虎豹所呈現的強烈能量與玉石俱焚的摧毀力，所有事情一個月內搞定，包括賣屋，替孩子辦休學，到大陸前大小病況的就醫檢查……，甚至不惜幾百萬的財務虧損，只為追回她擁有的愛。這個劇情的上演，更突顯她命宮中「驛」的奔波性，除了一生會特別在婚後（刃加驛）為家付出、波奔、開創以外，晚年的情景，仍是會為了愛而浪跡天涯。

我記憶中的琪，永遠的忙碌，永遠的照表操課，依循行事曆上的計畫，整本小冊子將每一天安排滿滿的事情等待完成，每天日出而作，日落而息，永遠像顆陀羅般的轉著，從過去到現在，也可得知從現在到未來，都會是奔波的人生寫照，活到老，忙到老！

靈魂煉金術

3 靈魂煉金術

轉化意識，讓心靈自由

◎ 何謂「靈魂煉金術」？

「靈魂煉金術」就是古代把賤金屬變成貴金屬（黃金）的神祕技術。

在中世紀文明中，亞里斯多德是位煉金術士，他認為物質世界中的所有形態都可以由地、水、火、風四個基本元素根據不同的比例來組成。所以，只要從外部加一些化學影響與催化，那麼泥土也可以變成黃金。

在這個方程式裡頭包含「轉變」與「轉化」的意義存在。這些煉金術士所追求的變化活動包含兩個層次，一個是在物質層次上的變化，也就是大家熟知的把毫無價值可言的賤金屬透過各種工藝技術，像是溶解、蒸餾、提煉、煅燒等方法，不斷嘗試實驗，變作黃金。

最早的煉金原料主要是礦物質，有鉛、水銀、硫磺等。煉金術就是把這些獨立存在的賤金屬轉化、轉變為有價值的貴金

屬的技術。這個煉金術正是後代化學實驗的最早原型。後來煉金術的應用，就從最早的製造個人財富爲目的，延伸爲追求健康、長壽、長生不老的煉丹術。

第二個層次是煉金術士利用某種儀式，期望將人類的精神與力量提升到更高的層次，在精神修爲上達到更高的境界，這個意義遠遠勝過財富與虛名的誘惑與追求。追求心靈的提升，超越那個駑鈍笨拙的肉體限制，讓思想能夠如同黃金般璀璨亮麗是更加的重要的。

心理學大師<u>容格</u>以他細膩的心靈之眼，看到了煉金術的內涵，如同心理學上所提的「意識、靈魂的轉變」。他把潛意識這個內在的智慧，解釋爲永遠都在尋找生活上的平衡與和諧之道。

「靈魂煉金術」的重要性指出了，如果我們人的精神生活一直處在分裂狀態，而不能夠把生活中的各種精神狀態統整起來，那麼精神疾病正是這種分裂和不能統一所造成的。

靈魂煉金就是要深刻的認識到人生的整合與分離，內在精神的複雜變遷，其中的奧義指的就是意識的轉化，而達到靈魂

的進化，完成自身心靈淨化的過程。這個昇華的過程如同從一個平凡的人躋身到聖人的層次，如同將沒價值的元素轉化成黃金般的高貴。所以，對一個修行人而言，人生正是一場靈魂煉金之旅。

事實上，煤碳和鑽石的成分都是一樣的，沒有任何差別。不同的只是當煤碳被地層壓了幾百萬年之後就會變成鑽石，這其中就只是壓力與時間的不同而已，卻使得它們兩個都是由同一種元素所組成的，最後的結果大異其趣。

我們雖然試著將較低等的物質轉變成為較高等的物質，但是所謂的低等，它的本身並沒有缺少什麼東西，它只是需要重新對待就行了，這就是整個靈魂煉金術的意義。

靈魂煉金術，是藉由理解自己的輪迴業力（karma）、習氣、將生活中較低下的元素恐懼、困惑、悲傷、憤怒、嫉妒、憂慮和所遭遇的困難等等賤金屬，被轉變成貴金屬，轉化成如黃金般的自由、高貴、安定和喜悅。

◎「出生憧憬」與「孟婆」：我們的相遇，只為赴你前世的靈魂
約定

　　柏拉圖告訴我們：「他們就紮營在失念河，當每一個人喝
水的時候，就會忘掉一切。」西方有個「失念河」，東方管它
叫做「孟婆湯」。

　　當我們告別了這一世，而身處中陰身時，會有一部時光機
開始倒帶，於是生命中曾經發生的每一件事逐一播放。我們對
於過往的一切，會深深的感到懊悔與檢討，在我們生命中的一
切行為，我們是如何的影響到別人的生命；於是，我們會開始
自我設定要改進……」。

　　他們真的是為赴我們靈魂的約定而來的，只是在我們飲了
「失念河」的水，喝了孟婆給的孟婆湯，真的徹底的將這些忘
了。然而，雖然肉身認不出他們，但是，靈魂知道他們已經依
約而來了……。

　　一般來說，我們可以從八字、紫微、姓名磁場、星圖的命
盤看到我們這一生的生命劇本，在行運中，可以預先知道即將
到來的事件與考驗，這些都是生命要走的道路、要有的結果和

要遇到的磁場。但是從達摩一掌經可以得知的是我們每一個人曾經留在哪一個頻率，這一生要做什麼功課。

真的有輪迴嗎？來看看我們是如何的做不了主？

「中陰身」 喝下孟婆湯

出生　　　　身故　　　　　　　　　投胎出生　　　　身故

在身故後，靈魂處在中陰身時，會有一個像是時光倒帶機開始播放這一生的所有的紀錄，從出生在母親的子宮內、學齡成長期、青春點滴……所有的經過，我們在事件中的情緒與感受反應，都會逐一重新倒帶一次。

「當時我不應該用這樣的態度對待爸爸、媽媽。我真的很不應該，傷透您們的心……」

「當時我怎麼會跟同學為了這點小事吵架鬧翻，一個死黨

就這麼分道揚鑣了……我眞的想跟他說聲對不起……」

「事情好像也沒有這麼嚴重嘛……現在的我絕不會再用這種玉石俱焚的方式，兩個人的心裡都嚴重受傷，從此決裂、形同陌路……眞的好後悔哦！」

「當時我應該挺身出來說實話，但是我沒有這個勇氣這麼做……以致害了對方！」

對於這些事，我們有深深的愧疚與懊悔，於是我們會有很深很深的期望與自許，並且充滿著信心的認爲，如果將來再一次面對事情時，我們一定不會再用同樣的態度應對或處理，於是我們會自我設定要改進。並且，大力的設定並約定下輩子再投胎時，請對方要在哪一年、哪一月、哪一天出現在我們的生命中，再向我們出一次同樣的考題，我們充滿自信的覺得一定沒問題的，一定all-pass的。只是沒有想到在喝下孟婆湯之後，就忘了這些靈魂的約定。不要說是喝孟婆湯，我們常常連三年或三個月前對自己所說的話、所定下的目標、所承諾的事情，三天就忘了！

「<u>芝蘭</u>老師，在我們每一次的激烈吵架之後，我們互擁著彼此、十指緊扣著，宣示著以後絕不再用這樣的方式對待彼此，傷害彼此，我們決定此生此世要相知相惜。」才說好以後絕不再吵架，幾天之後，又為了同樣的事爭吵，再度抓狂……」

《靈界大覺悟》一書中有一段話：「……離開人間世之後，他的靈魂檢討過往一生，深深為自己的失職感到懺悔，此後他一直保持覺醒，發誓再一次投胎當人時，絕不再犯這個錯……)，這即是「出生憧憬」，一種對自己的期許與期望值。

倒帶機播放出此生大量的紀錄，我們會開始對每件事檢討並計畫。所以，我們每一個人在出生的時候，都會對自己有一個期望值。當我們與「出生憧憬」結合在一起的時候，我們的生命、心靈就和諧了！振動頻率也不一樣了，因為很和諧，所以能量也會俱足，做什麼都對，賺錢、成就、人際關係也都沒問題了。

◎ 「中陰身」：死亡到投胎的神祕七七四十九天

「中陰身」

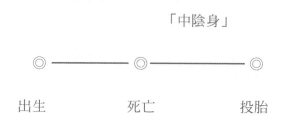

出生　　　　　　死亡　　　　　　投胎

　　從出生到死亡，我們稱之為「今生」，而今生死亡後到下一個投胎的這一段為期四十九天，我們稱之為「中陰身」。我們會重演過去世的一切，重新快速的經歷各種以前的生活點滴，再度造訪所有的地方。

　　在中陰身中，前世的景象都以非常集中而強烈的方式重新席捲一次。靈魂開始受到風、雨、雷、電不斷的吹打……。

　　我們的靈魂不安而孤獨的飄泊在中陰世界裡，我們再度會聽到雪崩的隆隆聲、大海奔騰聲、火山爆發聲、暴風雨聲……。我們的靈魂被無情的業風吹得東倒西歪，我們就像蒲公英的種子在狂風驟雨中，無助的游蕩。這個時候，我們的靈魂又

飢餓又口渴，再加上被風、雨、雷、電不斷的吹打著……靈魂只想到要趕緊找到庇護所，於是，心中便產生想要再擁有肉身的渴望，直到與未來的父母親產生業力緣分。

「執著」是人類的大敵人，生前要想辦法放下執著。因為當我們很多東西放得下時，就會想得開，那麼當我們告別今生後，也會比較走得開。在《靈界大覺悟》一書中，提到一段：「他死後一直沒有覺醒過來，飄盪陰間多年，他的靈魂一再欺騙自己，在那次事件中，他沒有死亡，他已經活下來了，而且已經全身而退……」

在電影「美夢成真」中，羅賓威廉斯主演的，他是一位心理醫師，太太是一位畫家，兩夫妻一直是在世俗社會中相當活躍與傑出的成功人士。所以，兩個兒子的學業與學校活動都由保母參與。在一次小兒子開口希望當天能由爸爸或媽媽帶他們去學校……但為難的父母安撫了孩子之後，仍由保母帶著他們上學。不料在那個早上，上學途中的一場車禍，他們失去了這二個孩子……故事的發展，讓夫妻兩人深陷自責與懊悔中，媽媽的角色最後發瘋了……（這部電影大家可以去看看，裡面就將天堂的仙境與地獄描繪得很清楚）

◎「黑洞」與「能量」：說句「對不起！」善了吧！

這是一個要「能量」成就任何事的年代，低的能量會使得我們無論怎麼做事，就是怎麼不對勁，總是覺得不快樂，即使我們已經在物質世界中成就斐然！

能量的來源有三種：「食物」、「性」與「語言」。一般而言，食物的能量取得是比較容易的，當一個人處在飢餓狀態中，能量盡失，情緒不好，思緒無法集中，除了只想要吃之外，什麼事都不想做，就算做了事，效益也絕對不好。

而「性」也是取得能量的管道之一。任何的伴侶關係，只要前夜的性愛品質不好，昱日，絕對是臭著臉的、板著臉上班的。反之，如果伴侶們品嚐了絕佳的性愛，也絕對可以看到兩人臉上泛著天光。

性是愛的出發點，是到達愛的起點，唯有性的能量可以開花為愛，以性為起點，再去發展它、轉變它。花的盛開、孔雀開屏、詩人的歌都是愛的呈現，而愛的表現就是由性能量轉化過來的。對於性，我們需要的不是反對、偽君子，而是承認、友好、迎接。性能量必須被穿過、被流過，然後提升到一

個純度比較高的位置。

再來就是「語言」的能量。你們想想看，有時候我們跟某些人談過話之後，會感到很沮喪、很灰心，心情很低潮；但是有的時候我們跟某些人聊天之後，感覺生命像被點燃，有愉悅的輕鬆感，有了自信，感到人生充滿希望……所以回過頭來看看自己，是如何表達自己的言語的，是點燃生命的那個人？還是令人沮喪、讓人想遠離的人呢？

但是人為什麼會沒有能量呢？其一就是因為「恐懼」，恐懼會使人失去能量，「恐懼」會讓我們掠奪別人的能量，有時是透過語言對話，總是想凌駕對方；有時是以說教、爭吵、罵別人來取回自己的能量；或者要對方為你的狀態負責，「都是你啦，要不是你，我就會……」

一個有能力且沒有恐懼的人就不會去掠奪，只會給出自己的能量，給出支持的能量。宇宙有一個吸引定律，就是當我們給出鼓勵、讚美、支持的正面能量時，將來回到我們身上的正是這些正面能量！

人沒有能量的另一個原因，就是「黑洞」。黑洞是卡住你

往前走的能量，同時也是你每次被牽扯回到地球的引力。一位蘇菲教大師曾說過：我們在這個世界上有一件事是絕對不能忘記的。也就是，每個人來到世間都有一件特定的事要完成，那就是要找到每個人的「出生憧憬」，並且實踐它。如果所有的事情都忘了，而這件事沒忘，那沒關係！但相反的，如果你一直在完成其他的事，卻忘了這件事，那麼你就等於什麼事也沒有做。如果他這一生都沒有做這件事，就等於什麼事都沒有做，那麼生命的能量就會很低。一旦我們與「出生憧憬」結合，我們會發現生命振動的頻率不同了……。

而「出生憧憬」與「黑洞」的關係是什麼呢？

如果此生每一件事都完形（完成、沒有遺憾），沒有任何沒被完成的、沒有遺憾、沒有懊悔，未來就不會在中陰身時設定「出生憧憬」。

你有沒有過這種經驗，就是在開車、騎車、刷牙、化粧、睡覺……或者任何腦袋思緒空檔時，曾經浮上來的人、事、物。不可思議的是它們可能是很小很小，小到微不足道的陳年往事與經歷，或者都已經經過了好幾十年了，而你早已忘記的

事；比如在小學時期，和同學曾結下心結，當時並不想解釋，而且一直逃避著它（比如：撒謊、作弊，或者偷拿同學的橡皮擦）。當心靈畫面出現這些時，也許是淡淡的、輕輕的掃過，但還是震了你一下、心糾了一下，而且它們會像幽靈一樣的來干擾你。

黑洞有很長的吸引力，吸引你再來一次，而且綁住後會令你動彈不得。當你做不了主，又常會被它干擾的，就是「黑洞」。

我們的生命能量為什麼會這麼低，沒有大的創造力，就是因為黑洞很多，而我們一直沒有去面對它們。面對它就不會被它吸住，因為黑洞具備很長的吸引力，也就是說：面對問題會比逃避問題容易！

那麼要如何處理「黑洞」呢？

第一點就是不要再繼續製造黑洞。讓我們來檢測一下：如果現在你的生命只剩下一天，會有哪些事情是你心裡的遺憾、未了、未完成的事，這些都會形成未來的黑洞。所以，如果你現在有想做的事或心願，就要馬上去做。因為黑洞的強力拉

扯，是以後拉你再次面對的力量，它們會不斷把你吸住，讓你沒有能量去做其他的事。

第二點就是處理現在心裡面的黑洞。只要你內在有一種內疚的東西，請你一定要去面對；否則來世就會有一股拉力把你給吸住。當我們要面對、抒解黑洞時（就是你每一次想到這件事，都會有不舒服的感覺時），你的語言一定要很柔軟。西方有個「完形治療」的心理療法，方法是：觀想眼前這個令你有壓力的人或事，試著以全新開放的心態面對，然後在心中對他表達你想說的一切感覺、你的困難、你的心痛、你的遺憾，對他訴說你過去難以面對與啓齒的話。當你感覺已經完成了這件事，然後對他說再見，永遠記住此刻你心裡對他的愛，以及過去最美好的回憶。

現在就清理殘存的感情糾葛，善了它吧！

◎ 愛就從「是非不明」開始

每個人都有七個輪脈，我們稱之為「靈魂之星」，有延著脊椎骨圍繞，從生殖器與肛門的「海底輪」，向上依序有「臍輪」、「太陽神經叢輪」、「心輪」、「喉輪」、「眉心輪」和

「頂輪」。

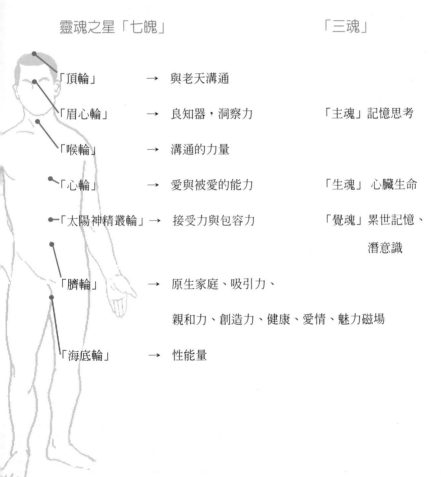

靈魂之星「七魄」　　　　　　　　　　「三魂」

「頂輪」　　　→　與老天溝通

「眉心輪」　　→　良知器，洞察力　　　「主魂」記憶思考

「喉輪」　　　→　溝通的力量

「心輪」　　　→　愛與被愛的能力　　　「生魂」心臟生命

「太陽神精叢輪」→　接受力與包容力　　　「覺魂」累世記憶、

　　　　　　　　　　　　　　　　　　　　　　　潛意識

「臍輪」　　　→　原生家庭、吸引力、

　　　　　　　　　親和力、創造力、健康、愛情、魅力磁場

「海底輪」　　→　性能量

第七輪　頂輪　：證道

第六輪　眉心輪：天眼開，知過去未來

第五輪　喉輪　：領導力，說服力，表達力

第四輪　心輪　：慈悲，善良，愛，關懷，慈濟愛，負面
　　　　　　　　能量會消失

第三輪　太陽神經叢輪：是非不分，接納

第二輪　臍輪　：是非分明，我非他是

第一輪　海底輪：是非分明，我是他非

　　一般來說，我們會有失望的產生，是因爲來自一開始我們有所期待、有所預期。然而失望會導致能量場的滑落，形成黑洞。但是無法接納事實又是人生的一大苦，是「比較苦」，導致悲劇的產生。

　　我常在課堂會問學生：「做人是要『是非分明』好呢？還是『是非不分』的好呢？」

第一輪的「海底輪」，指的是「是非分明」。但這個「是非分明」是「我是他非」。我們在關係中，親子、手足、夫妻、職場……裡，會用很多「你應該……」、「你要是愛我，就應該……」、「我是為你好，才會……」。我們以自我的愛來看待一切，所以永遠都是別人不對，自己才是對的，我們會放入太多的價值評斷在裡面——「什麼才是對的，你這樣根本就不對之類的態度」。我們最常會以「愛」的名義，進行下意識的操控與操縱。我們以為給別人建議、希望別人能聽從自己的意見，即使我們是用殷切、關懷的態度對待，其實背後都是來自我們海底輪的自私的愛與原慾。我們所說的愛，其實是源自於海底輪的愛，是自私的愛，正是要對方來滿足我們期望的角色形象，我們並不允許對方做他們自己。

第二輪的「臍輪」，也是「是非分明」，只是這次是「他是我非」。這個靈魂層次常常覺得都是自己不好，都是自己的問題。這將導致人格退縮，而且太謙虛的態度，會讓人有一種自卑感。但臍輪的靈魂層次是比海底輪的素質提升了些。

第三輪的「太陽神經叢輪」，開始是「是非不分」了，也就是不再有哪一個是好的，哪一個就不好，或哪一種花比較漂

亮，哪種花很醜，或走哪一條路才對或哪一種身高、體重最好的辨證。到第三輪就不再有任何的標準在裡面。如果還有，那絕對是海底輪的假裝。

「我很好，而且你也很不錯啊！」。老是對別人說：「為你好才給你建議。」的背後，其實根本就是無法接納每個人的獨特性，即是由海底輪的自我為出發點。只要接納的門一開，就能建構自信！

第四輪的「心輪」，是慈悲、關懷、愛。這跟有沒有歸屬在某一個宗教團體無關。記住：宗教團體不等於具有宗教素質的；心輪的愛是慈悲的愛，能讓負面能量消失，如此一來才可能對別人有真正的關懷，沒有分別心，沒有種族、階級、同性戀的分別。所以，在生活中，在人際中，常常會誤以為海底輪的愛就是心輪的愛。

非也！差也！海底輪的愛有強烈的想改造、影響別人的企圖，裡頭有強烈的角力能量，裡面總是有一個人老是居上風的改造者、駕馭者，而另一個人就變成被改造者，這意謂著在他的眼裡對方還不夠好，才需要改造，「如果你能這樣，就更好

了，就更完美了。」事實上這裡面沒有接納。而心輪的愛，是柔軟的、接納的。當你看到這裡的時候，如果能理解到我們每一個人都是世界的中心，靈魂素質的淨化與提升的關鍵在每個人身上，掌握了這點，就掌握了改變世界的關鍵。

柏拉圖曾說過：「我們所遇到的每一個人，他們都在打一場人生艱苦的戰役……」每一個人面對自己的人生都在全力以赴，都在一個變為「更是他自己」的道路上。心輪的愛，意謂接納，接納每一個當下的努力。慈悲從來不會從自己的高度看別人，接納是真正的愛！

一個高素質靈魂的誕生，就從「是非不明」開始吧！看待周邊的每個人，不再有對錯、標準，不再有強烈批判，或者期待別人照我們的標準，這都不慈悲，因為我們只接受自己「想要」的對方！

所以，下次請別再說：「我是為你好，才……」

◎ 「輪迴與前世今生」

學習這些命理相術的學問，可以幫助理解天意的過程以及宇宙有一套更高的秩序在運作著。

「宿命」是靈魂前進的方向，但大多數的人沒有去瞭解「宿命」的意義，而偏執的覺得這是一種消極的人生態度。而我們所學習到的命理學問，重要的不是要改變這些定數，而是要去超越這些定數。

人是很複雜的生命，我們的行為只是生命的一部分，我們以為生命中發生的事件代表了我們的一生。其實，事件代表一部分，心念是另一部分，而無意識的底層活動更佔據了生命中最大的一部分。無意識指的就是我們沒有感知到的。

所以，這場結合身、心、靈的旅程，是我們投胎為人最重要的煉金之旅。要明心見性的學習，就得從瞭解八種層次的運作開始：

第一「眼」識：依眼睛所看到的，來分辨、認識事物的功能。

第二「耳」識：依耳朵所聽見的，來分辨、認識外界的功能。

第三「鼻」識：依鼻子聞到並感覺外界的辨別功能。

第四「舌」識：依舌頭嚐到的味道來辨識事物的功能。

第五「身」識：依身體所接觸、感受到的，加以辨識的功能。以上這個意識指的是肉體感官意識，包括視覺、聽覺、嗅覺、味覺和觸覺。

第六「意」識：由前面五個感官所接受的外緣，產生辨別、解釋的作用，而依照自己「意」識的主張加以判別，才發生執行的作用。第六意識指的是一個人的察覺能力，也就是從前面的五識接收到的訊息，進而感受到事物的覺知能力。

第七「心」識：梵語叫做「末那」識。這是自我中心的大本營，第七意識是把第六識察覺到的訊息，馬上和原本我們心中原本的既定思想與概念連結，於是這個進來的外在事物，對個人開始產生個人化的意義。這是個人好惡形成的時候。在現實的人生中，除了前面六識的作用外，我們所承受的種種壓

力，以及內心世界的潛意識所埋藏的煩惱及糾結，都跟第七意
識有關。

第七意識的功用是將前面六個識吸納成「我」。就是我們
的自私自利、貪婪、瞋恨、倔強、驕傲、固執、習性..等，所
有性格、情緒都由這裡產生，即每一個人的「我執」的基地
「我想、我要、我認為……」這個狹窄的執著、偏執的自我，
而忘記了仍然有一個更大的宇宙存在。越是執著的人，在接觸
外在世界時，會越快把事物和自己的好惡、偏見連結在一起。
我們讓心與外物結和在一起，於是所有的人、事、物都不再是
它們本身了，緊貼在上頭的全是我們的自我了。

長久以來，第七意識的末那識，變成輪迴的大資料庫與大
記憶庫。末那識記憶了每一個人太多累世累劫的習性，被我
見、我貪、瞋、痴、慢、疑、任性等不自覺的污染著，所以，
它正是心理學派所指的潛意識，當人們被催眠時，就是在這裡
開啟這個記憶庫的。

第八意識：是最深的一層心識，梵語為「阿賴耶識」。阿
賴耶識本身是不紀錄也不吸收的，沒有自主的思維，像一面鏡

子。它很公平，末那識給它什麼，它就為末那識反映他自己的面貌。它是絕對自由的，不受外界干擾的。成為自由的靈識，就在這裡轉運。

第七意識的末那識是每一個人的責任，是每一個人的最愛，但也正是每一個人愚痴無明的基地台、部落格。它將恨誰、愛誰，都變成了記憶體的黑盒子，都轉存後送到阿賴耶識裡，變成了種子，而且這顆種子會一直念念不忘，一直在等待因緣成熟時，讓這類種子發芽，鑲入生生世世的輪迴。

宇宙有個「吸引定律」，也叫「業報法則」，就是我們每散發出去的每個念頭，在外繞了一圈，又會回到我們身上；所以，每當我們傷害別人時，也正是在傷害自己，每當我們帶給別人快樂時，就是在培育自己的快樂。

由於瞭解前面六識的作用，我們可以行善也可以做惡，只是統統會被存在第七意識的末那識的倉庫裡，而這裡有永久保存的功能，但它本身其實是不會製造的。所以，第七意識的末那識是心理學家常指的潛意識範圍，它不生產，但它認真收納並且囤積變成它的。這個執著、自私、痴迷被一直帶到輪迴的

天涯海角。而第八識的阿賴耶識不做任何互動與回應，只是默默的承受、容納、接受。

◎「煉金術」：心靈工程

● 禮物：今夜星星對我說！

「我希望以後會更好！」。「我希望以後會更快樂，將來會更幸福！」很多人會脫口而出這個乍聽起來充滿著樂觀的期盼。

其實現在如果不好，那麼以後也不可能會更好。現在不快樂、不幸福，以後也不可能會更快樂、更幸福。根本不要期盼白頭偕老，認認真真過好今天，才能偕老。

人生就像是底片裡的照片，每一格都呈現不同的畫面，一格接著一格，不斷在鏡頭前跑過。這些底片紀錄的正是我們一生的寫照。我們存在每一個畫面中，喜、怒、哀、樂、憂、傷、悲，每個畫面就是每個當下的寫真，所以畫面一直在持續移動中。

我們一直把心思放在過去，同時也把想法放在未來。但

是，我們的肉體卻只能存在現在的每個當下，因為身體不可能回到昨天，也不可能跑到明天，它只能存在當下。所以今天早上、昨天或者上個月所發生的事，對於現在這一刻來說，都已經過去了，除了它還放在你心裡頭之外，事實上它並不存在此時此地的這一刻中，它只在你的腦海裡。而待會兒、明天、下星期也還是空的，還沒發生。

永遠要記得現在、此刻、當下你在做什麼？你現在正在看這本書、看這句話，或者當下你和朋友正在喝下午茶、在家看電視，或者只是在走走路。如果我們現在心裡頭正有某件事在煩心與掛慮，比如說：早上和朋友發生了一個誤會，感到有點後悔；今天早上實在不應該講這種話來傷害他；心裡的念頭老想著過去的事。又比如說：老是擔心家人的健康、小孩的功課、煩惱明天的卡債，還有星期六的約會，不知道會不會下雨……腦裡老掛著還沒發生的事。

過去悔恨佔滿心裡、未來焦慮充滿腦裡，於是，我們陷在生活中的擔憂、後悔和困惑裡，錯失每分、每秒，失焦每事、每物。現在我們馬上就來檢視自己的狀況，現在你心裡所掛記、煩惱的問題是不是都和過去與未來有關係啊？

　　試試看吧！很好用的！拉回當下，總會把你從焦慮中釋放，從重負中解脫。專注、認真的投入此時此刻，記得你正在做什麼，純然享受當下，因為每個此時此地都是生命底片中的一格，因為我們都是在用生命中的每一個時刻在交換的。

　　永遠提醒自己，只有現在存在，只有這一刻是真實的，因為我們不管心智如何不安於室，對未來有多擔憂，我們的身體也只能待在此時此地啊！

　　享受一口茶吧！就聽今夜星星對我說！

● 蛻變：活力再現的回春劑！

　　所有事情的背後都有其蘊藏的目的與善意。有時候，我們無法理解為什麼不想要的人或經驗會進入我們的生命。要相信他們是為了我們的最大益處和學習來的。

　　我們每個人能做的，就是在遭遇中做出自己的選擇；不論生命給了我們什麼，我們都可以選擇要如何在內在回應；如果你曾為了孩子們，或者你愛的人而將自己的慾望放一邊，這種自我犧牲的行為是很令人敬佩的，但是如果你覺得自己是一個

受害者，那就該是好好想想的時候了，因為你的付出是附帶有期望與條件的。

我常常聽到朋友們對於自己的感情、人際關係、工作等有埋怨與感慨，我會在心裡頭質問他們，如果真的這麼糟，為何不離開？想必潛意識知道他們本人在現狀中應該有得到某些好處的，即使他們一直在你面前抱怨對方如何如何不好。

比如說：「如果工作帶給你那麼糟的情形，那麼明天你到公司時，何不向老闆提出辭呈！」你隨時都有力量可以這麼做，你只要起身告訴你的老闆想離職就行了……。

「可是，這會引起很大很大的騷動……帶給我自己、家人很多很多的痛苦；而且我的財務狀況會很慘；我還有貸款、孩子教育費、家庭生活費都會出問題……別人會很失望，太太會很生氣。」其實我們已經給了自己好幾個聽起來正當的理由，來告訴自己為什麼不能離職或者分手。

也因為這樣，所以大部分的人一生都在抱怨，自認是命運的受害者，覺得對生命有無力感，都是環境與別人才讓他們不幸福、命運多舛。因此每個人的生命能量都變得很低落，總是

死氣沈沈的，對生命不再有熱情了。

只有在我們重新取回結束的力量時，也就是離開與不離開，你都是決定者。絕不是因爲別人的因素，才讓你不得不留在這裡，你願意留在這裡純粹是因爲「你想要」、「你願意」時，你才能完全的對自己生命誠實。也只有在那個時候，你才能熱情的選擇是要繼續維持關係，或者待在這個工作中，而不是因爲這個或那個理由。不只是婚姻、工作，也包括你的朋友、你住的地方和你的人生。

有些人覺得自己陷在關係裡無法自拔，有些人覺得被環境或生命捆綁。卻必須要等到非常痛苦了，才會找到勇氣，支持自己去做出新的選擇，除非你體認到你有「拒絕」的力量，否則你不可能真的「接受」或是真正承諾，不論是對你的感情關係、你的人生或是對任何事。

我們必須知道，在面對與逃避、在選擇行動與不行動，改變現狀是一種選擇，留在原地也是一種選擇，都會有它的影響和結果。而你願意接受這些結果。這個「願意」會給你力量去做你的決定。你是誰、你要在哪裡和你要什麼。這正是生命由

義務的負擔轉為充滿喜樂的自主的時候。

　　無論外在有多少壓力或困難，我們都擁有選擇如何面對的力量，你可以在任何時刻改變你的方向。在全然覺知下的選擇，會為你帶來生命的品質，最大的不同是抱怨會減少，而且願意開始當個責任者，因為所有的選擇與面對，都是回應內心的感知與需求的。

　　在我們生命中常常會出現有些吸引我們的其他選擇時，我們可能會因此興起動念而想改變自己的現狀（例如：情感、事業或其他的人生領域）。有時候這些吸引我們的情境顯然來的正是時候，但也有的是來的太晚了。然而不管如何，勇敢的選擇或不選擇，都表示對我們現在的處境負起全部的責任。我們要當個責任者，為自己的生命負責，並且完完全全有意識而且有意願的參與其中。我們越是瞭解自己內在的感受，就越能清楚地的活著，創造我們的人生。我們不會再懷疑是否走在正確的人生道路上，是否和對的人交往，或者做對的工作。我們會有意識的做每一個選擇，並且充實、熱情的投入每一天。

　　● 拈花一笑菩薩道：屢試不爽的止痛劑！

我們生存在宇宙這個環境裡，總是不知不覺的掠奪它的資源，刮它的皮，染黑它的血，破壞它的生態，但是宇宙總是很慈悲的原諒與寬容我們的無知、貪婪與錯誤。那麼我們為什麼不能給別人同樣的慈悲。試著去瞭解每一個人都是在自己當時有限的能力下，已經盡力而為了！

要學著釋放對別人的評斷和期望，別太快失去耐心！宇宙從來不批判我們，也給我們足夠的時間和空間讓我們從錯誤與無知中學習，增長智慧。如果我們能夠瞭解這個涵義並且接受宇宙對我們的寬容與慈悲，那麼我們為什麼要批判與論斷別人呢？

其實越是對自己慈悲的人，就越能對別人慈悲。比如，一個為家庭和伴侶犧牲的人，同樣的也會要求伴侶得像他一樣的對這個家犧牲和付出，不然就會覺得為什麼整個家庭的責任、義務都丟給他一個人在扛。相反的，如果他的付出是出於歡喜做，而不是犧牲時，那麼他們在付出的同時，就已經得到很大的滿足感，就不會帶來任何怨言的，他不會去管別人是否要像他付出的一樣多。他會願意給對方一個做自己的空間。所以記得，慈悲要從自己開始，對自己溫柔、全然支持自己以及自己

的決定，對自己有耐心，即使你心海裡有正面、負面的想法和做法，並不需要有罪惡感，與其責備自己不如讓慈悲以愛和包容來環抱它們。

也許我們會氣父母明明知道身體不好，卻老愛吃重鹹；恨手足，明明知道在社會上打拼不容易，卻老是出紕漏最後拖累到你；怨伴侶，明明知道朋友來借錢會有去無回，卻老是無法拒絕；惱朋友，明明知道這個男人無法給她要的，卻老是勸不醒；你總是不解為什麼在你看起來這麼清楚的道路，這些人老搞不清，但又講不聽也擋不住；在我們眼裡看出去的世界，充滿這麼多的奇怪和不解，但是我們卻在這個世界上相遇，處在順境時感到生命的喜悅，處在逆境時感到生命的苦痛。

如同柏拉圖所說的「要慈悲」，因為我們在生命裡遇到的每一個人都在打一場艱困的戰役，都是以他們當時有限的能力，盡力而為了，即使在你眼裡他們仍然不夠好！

● 舊愛方程式的崩解

如果「愛」在過去、現在、未來……曾帶給我們絲毫的痛苦，那就意謂著有功課存在！我們常常會以為我們身上有著滿

滿的感受與熱情，是所謂的「愛」，但又爲什麼追求之後帶來的都是滿身的傷痕累累呢？

　　首先，我們先從角色中脫離出來，客觀的來看「愛」的本質。其實「眞愛」應該是分享、付出，而且從不要求回報的，愛的本質只知道在給與的當下就已經很快樂了，付出是沒有任何條件或但書的！如果這樣是「愛」，應該就不會有挫折、失望、沮喪。但「貪婪」可不同了，它是囤積與索取。所以，如果現在的我們在愛中有痛苦，就讓我們來檢視自己所謂的「愛」，是眞的愛？還是投射了我們心裡底層的需要在裡面了？（怕寂寞、怕被背叛……）

　　再來，我們一直把掛在我們口中的「愛」，以爲是至高無上的，而且我們認定的愛只是針對某些特定的對象（比如：情人、家人、朋友）。這樣一來，我們會發現每個人內在的愛都好枯竭、好匱乏哦！因爲我們只等待這些特定的人來灌溉，但是我們要瞭解到，別人這一生的目的不是只爲了要來滿足我們的幸福與慾望！而這份一直以來我們引領期盼別人來灌溉的「愛」，裡面正是裹著滿滿的「囤積、索取」的需要，這樣怎麼不會有挫折與沮喪呢？

所以，如果現在我們正承受著感情痛苦的浪潮侵襲，不妨檢視一下我們心中一直以來自以為的愛是不是真實的？因為我們容易以愛為包裝，對它懷有很深的期盼，當別人沒有以我們預期的方式來對待時，那麼深深的沮喪、挫折、質疑、悵然、爭吵將不可避免的如排山倒海而來！因為真的沒有人能滿足得了那麼龐大的需要與期盼；所以，不真實的愛遲早會導致挫敗的，而真愛永遠令人心滿意足！

● 愛的101大樓：啟動新方程式

讓我們來看看真愛中的境界，也是我們開啟學習愛的靈魂煉金之旅的指標：給與、分享所有你擁有的，同時也盡情的享受著「分享與付出」的感覺。千萬不要覺得苦或吃虧！對於接受我們愛的人要表達感激之意，連一句謝謝都沒有期望。這讓我們發現自己將有國王的高貴與富足，而不是像個乞丐般的到處乞討別人的愛。

我們整個人要成為「愛」，如此，我們會帶著愛的芬芳與品質生活、與人相處；如此一來，大自然是愛，花朵、樹木是愛，動物是愛，日月星辰也是愛……而「人」只是愛的形式之一，是讓我們去實際體現愛的對象。這樣我們就能夠不再設限

只接受特定的人對我們好、對我們溫柔、對我們愛，我們可以嘗試對整個宇宙開放，若能如此做，就會感受到生命的豐富，不會落得一生只為了等待某個人來灌溉這個愛。而且更要因為別人接受了我們的愛，而由衷的感謝對方接受我們的對待！比如說：如果我們關心別人、送禮物給別人，但是對方一直拒絕、閃避，我們會有什麼感受？感覺一定很不好，而對方如果開心的接受了，其實我們比誰都喜悅、開心，不是嗎？如果一開始大家就是這樣的觀念，從不曾期盼過什麼，那真愛是不會帶來挫折的！

你們或許會問：這樣看待愛，會不會太過理想化了呢？這麼說好了，我們在舊方程式裡證實了好幾世代的舊愛內涵，結果如何呢？總體來說，愛的品質是不及格的！那麼，如果原來對愛的定義並沒有帶來更愉悅的品質與芬芳，那不妨換個不一樣的觀點來看待！

● 人的一生是求愛的過程──與自己和諧相處

在「出生憧憬」裡，人是為了相愛而來的，但是又為什麼不能相愛到底呢？

　　有很大的原因是大部分的人無法與自我和諧相處，內在的黑洞是卡住你往前走的能量，同時也是你每次被牽扯回到地球的引力，我們的生命能量全部卡在黑洞裡，擔心債務，害怕接電話；擔心家裡的那個麻煩人物，害怕他再出事……擔心這個，害怕那個；煩惱這個，憂心那個，造成生活匱乏的原凶之一就是心中常出現的不安全感，而擔心正是一種詛咒。

　　處理黑洞，就從清理內在殘存的感情糾葛開始，善了！善了！佛教裡有個「懺悔」，一句「抱歉」並不是說你真的犯了錯，而且為了讓每個故事要有一個好的句點。這個儀式也可以在心裡進行，重點不是在爭論誰對、誰錯，所以辨義要精。

　　再來就是從小生命沒有被點燃，以致內在的能力不足以與人有好的互動，而且會在所有的關係中索求愛。小時候沒被愛點著的人，沒有能力去愛人，於是會以人們難以想像的方式不斷索求愛，也許透過生病、表現弱者、受害者、吳儂軟語的撒嬌方式、有時是爭吵、有時對人沒有信任，就會測試別人到底有多愛他……總要別人為他負責任，這樣長久下來，別人會感到疲憊不堪。所以人格越成熟，索求就會越少。

　　所有進入關係形式的，愛必將死亡。因為關係讓我們看不到對方，讓我們自以為太瞭解對方了，讓我們對所有的事，覺得理所當然，也覺得別人凡事「應該」，應該要哄我們、應該讓要等我們、應該要讓我們罵到爽……。所以，當另一半為我們所做的任何一件事，我們必須從其中有所感覺，去感謝他們為我們所做的一切。別像乞丐似的，要求對方給我們什麼，為我們改變什麼。要先愛自己，別老是怪對方，因為當事人的我們在還沒有領略真愛之前，彼此都沒有能力好好愛對方的。所以要試著進入關係中互動，而不是進入關係形式。

　　我就遇到好多這樣的案例，當事人也是不知不覺的陷入了索求，而妙的是，當事人都是具正面社會形象的角色，也是愛家、顧家的好女人，在所有的作為中，是以愛家、顧家為手段，但是仍脫離不了自己的貪婪、安全感，以致在相處上不夠人性化。當然最後都是離婚收場。她們的先生每個月除了留下部分少許的薪水當零用錢之外，全交給太太。這其中有的人買了第一棟房子又買了第二棟房子，太太的生活形態就是在財務目標裡打拼，每當先生的信用卡帳單來了，或者先生零用錢不夠向太太伸手要時，換來的是一頓嘮叨，唸先生花的錢是多麼

的不該又不該。

　　我記得曾在電視節目中，看到某歌星談到一天給先生100元的零用錢而洋洋得意於她的馭夫術之時，我不知道別人怎麼看待，但整個節目氛圍是讚賞她的。有時候我想提醒太太們，薪水是每個人用自己的時間、努力辛苦賺來的，都該予以相當的尊重與感恩，如果我們倒過來，有一天伴侶每天只給你100元花用，超過就像是犯了滔天大罪似的，換來一陣檢討與辱罵，我們又會有什麼感受呢？

荷爾蒙作祟	價值觀協調	階段性計畫	親親而仁民
	共同理念		仁民而愛物

◎————————◎————————◎————————◎

| 觸動 | 定情 | 結婚 | 推愛 |

　　一般而言，兩人從觸動開始，是荷爾蒙作用所帶來的激情，這個階段會愛得天昏地暗、死去活來的。於是很快的在熱情還沒消退之際，就心急的想要結婚定下來，因為當我們享受與某個人在一起的愉悅時光，我們自然就會想要享受得更多一

點，當灼熱的激情帶來心理上的不穩固，我們要安全感，要確定感，要所有事到了明天仍可以按照我們的期待進行，於是想要那個合法的契約，因為在愛情激情消失之前就穩定下來，這樣兩個人就沒有分開的機會了。

其實，在觸動後、結婚前的這個階段有一個很重要過程，就是「定情」。這個階段要誠實溝通彼此的價值觀與理念。由於表露自己內心的想法會有風險，所以，大部分的人就會隱藏真實的自己，呈現最美但是包裝過的自己，也因為沒有進行誠實的溝通，所以即使兩個人就算同居在一起，也無法進入真正的親密花園。

結婚後，進入階段性的計畫，共同生育小孩、財務規畫，這是婚姻生活的主體結構。但是很多人忽略了「推愛」這個環節，比如說：愛彼此的父母、手足、親族……。因為如果沒有這個過程，世界會變得很小，與人分享的人生，生命比較不會枯萎。

城裡的小販叫賣著他的扇子有多麼的耐用，百年不壞。國王出巡時，乍見這一幕，立刻被吸引住。國王不解的是，扇子

明明看起來品質爛得很，根本無法使用一週，顯然這是一個騙子。於是，差了手下叫小販過來問明一番。若眞是一個騙子，砍頭勿縱。

「的確，我的扇子是可以使用一百年也不會壞，使用三代都不成問題呢！」小販充滿自信的說著。

「我的扇子一把只要五十兩黃金，用三代都可以當傳家之寶，算起來實在是划算呢！」國王疑惑的與小販打睹要砍他的人頭，約好一星期後再見。

「氣死我了，我就說嘛，根本不耐用，什麼用一百年，結果三天就壞了，我一定要殺了他，竟敢連國王也敢騙。」國王抓狂的咆哮著。

一星期後，小販眞的來了，而且開心地問候著國王。下人向前揪著他的衣服要小販領這個欺君大罪。小販不明瞭爲何國王要殺他，就問國王：「您是怎麼使用這把扇子呢？」

「你這個大笨蛋，我還要你教我怎麼使用扇子嗎？就是這樣搧啊！」國王邊說，一邊手拿起扇子搧了起來，示範給小販

看。

「哎呀！我知道問題出在哪裡了。國王您搧扇子的動作錯了，難怪撐不到一個星期！扇子不可以這樣用手搧。國王您看好，我做給您看。手一樣拿著扇子，但不要用手搧。接著是把您的頭開始在扇子前這樣左右上下搖動，是用頭搖，不是用手搧啦！」小販一邊詳細的示範和解說著。

「所以是您自己用的方法不對，不是扇子品質不好！」

沒有創造力，導致一成不變的生活，也常形成關係中的殺手，我們會將凡事視為理所當然。生活中失去了感覺，生命品質也隨之降低，死氣沈沈。而我們整個生命能量因為內心有太多的黑洞內耗著我們的力量，所以不再有創造力，人活得暗沈、過得也麻木不仁。

● 執著：與痛苦同在。

「我跟妳說一件事哦，因為妳很少進公司，我看到別人坐在妳的辦公桌、使用妳的桌子，更在妳的桌子上吃飯，把妳的桌子當成餐桌，一點都不尊重妳，我覺得妳應該跟他的主管反

應妳的感受。」業務部門裡一位熱心者提醒著她很少進辦公室的同事。

一次、兩次的提醒，這位女同事每當進辦公室時，一想到那些猶言在耳的話語，看著自己的辦公桌，就越發覺得自己的不爽在心中發酵著。顯然她的心情已經受到了污染，有些微微的怒火在孳生著，不滿的情緒越來越高，但同時又覺得這個小氣的感受會顯得自己的不夠高貴！

從前有一個知名的牧師，他的住家是一個很簡陋的小房子，裡面除了堆滿地上的書籍外，沒有任何的家具，屋內幾乎是空空的。

有位旅人來到他的國家，正好得知他所景仰的牧師正好在國內傳道，於是就去拜訪這位牧師。

「牧師，您的家具呢？」旅人問牧師。

「那你的呢？」牧師反問。

「我的家具？您開玩笑嗎？我只是來旅行的啊！」旅者不解的回答。

「我也是來旅行的而已啊！」牧師優雅的回答。

為什麼我們會緊抓著某些人、事、物不放呢？因為也許別人會來搶走它，也許我們害怕的是今天擁有的，明天就會失去了。多數的人們都在尋找熟悉的路徑，以便有一種掌控和秩序的感覺，人與人之間的對待，若形成一種執著，就會淪為一種關係，會彼此索求囤積，這樣會變成一座監獄、枷鎖，雖然這座監牢是一種安全的保障，就算我們會過得很慘，但至少不用去面對一些心煩的人生問題，至少在這張大床上，孤單的不會只有自己一個人。

我常在很多不同的場合聽到女孩們的對話。

「應該要找一個愛我們比較多的，還是我們愛他比較多的伴侶呢？」

「當然找一個條件比妳差的對象，他們比較不會在外面亂搞一通，也比較會聽妳的，比較乖啦！如果以後他們亂搞，失去妳可是他們的損失……這樣以後妳也比較有安全感！」

執著讓我們無法去愛，執著讓我們只想佔有，無法得到時

只想玉石俱焚，把彼此都囚禁在監牢裡，如此一來我們只想看管、管束對方，光是這樣就已經搞得精疲力盡、心情盡失，根本沒有多餘的創造力，生活變得狹隘，所有的感官也變得遲鈍了，至此我們會成為道地的活死人。

　　永遠要記得，愛是付出、不佔有，沒有比較、沒有嫉妒，就只是去愛。以愛的名義去佔據一個人是極為醜陋的行為，我們物化了這個人，同時折翼了這雙翅膀。

4 結語

　　新時代大師<u>賽斯</u>有句名言：「我們都在一個變為（Becoming）的過程。變為更成為我們自己。」

　　每天的日常生活，都是讓我們邁向更成熟的過程。有一些不願意正視或者抗拒這些的人，總有一天會遇到某個人或某件事，給予他們重要關鍵的撞擊，才使他們領悟並從其中學會這些智慧。

　　每一門學問的層次，總是先從「知識的理解」入門，進而到「心智的理解」，最後內化成「靈性的理解」。讀者們，請先清理出一個心靈的空間，留給未來的理解。有時候，它們會以整塊、整片的形式進入你的意識裡，但每個人能為自己做的，就是在學習的路上「起步囉！」

　　生命不過是在彈指的數年間，要懂得讓自己開心、享受人生、快快樂樂的，舞動用愛編織的人生，品嚐用自由釀的酒吧！

『達摩一掌經』，像是一個磁場
一極接著前世，一極接著今生
每個人的心靈羅盤在這裡感應著強烈的節奏
當你理解這裡頭深沈意義的時候，只要輕輕點出
就能托出一個隱潛的天地，開啟一道生命的閘門
細胞的記憶，靈魂的密碼，始終未曾消失

北極星生命方程式，芝蘭老師主持，一位在東西方命理研究上超過20年的先行者，帶領大家探討生命的課題。
一系列的課程，類別超過17門，等候有緣人來探索挖掘。

達摩一掌經	前世今生的輪迴功課，克服生命困境的命理課程
姓名學	五行、流年、環境機會點、財宮、婚姻宮、卜卦
八字	基礎與進階八字
西洋占星成長學院	六階段深層心理占星學，研究並探討如何學習自我轉化，了解深層靈魂在輪迴上的執迷與限制、習性與功課、傷痛與療癒、業力與轉化
催眠課程	自助助人實用系列課程

 LODESTAR　北極星生命方程式

命理諮詢、心理占星、命理教學

預約專線：02-27027291　行動：0953669117　網址：www.lode-star.biz
座落：106臺北市仁愛路四段232號10樓之2

國家圖書館出版品預行編目資料

達摩一掌經／芝蘭著.
－－第一版－－臺北市：知青頻道出版；
紅螞蟻圖書發行，2006〔民95〕
面　　公分－－（Easy Quick；74）
ISBN 978-986-6905-05-6（平裝）

1.命書

293.1　　　　　　　　　　95021725

Easy Quick 74

達摩一掌經

作　　者／芝　蘭
發 行 人／賴秀珍
總 編 輯／何南輝
特約編輯／林芊玲
美術編輯／魏淑萍
出　　版／知青頻道出版有限公司
發　　行／紅螞蟻圖書有限公司
地　　址／台北市內湖區舊宗路二段121巷19號(紅螞蟻資訊大樓)
網　　站／www.e-redant.com
郵撥帳號／1604621-1　紅螞蟻圖書有限公司
電　　話／(02)2795-3656（代表號）
傳　　真／(02)2795-4100
登 記 證／局版北市業字第796號
法律顧問／許晏賓律師
印 刷 廠／卡樂彩色製版印刷有限公司
出版日期／2006年12月　第一版第一刷
　　　　　2023年3月　　　　第五刷(500本)

定價 250 元　　港幣 83 元

ISBN　978-986-6905-05-6　　　　Printed in Taiwan